C E D P E — Center for Development Studies and the Prevention of Extremism مركز الدراسات للتنمية والوقاية من التطرف N'Djaret- N'djamena Tchad Tel : 00235 95012039	Centre d'études pour le développement et la prévention de l'extrémisme **C.E.D.P.E** Autorisation Tchad N° 0007/PR/PM/MATSPGL/SG/2018 Autorisation France N° W723016508 Grande Bretagne : Je-S D93741D....... D-U-N-S Number is 559433087 Compte bancaire: CEDPE, 37102916101/ 49 CBT, N'Djamena, Tchad Mail : yacoubahmat@aol.com Site: www.centrerecherche.com Contact: 0033658375069/ 0033772438986/ 0023565031560/0023599860817 Assistant: 0023563796838 -0023592169330

LE NEXUS CLIMAT-SECURITE-ENVIRONNEMENT EN AFRIQUE CENTRALE :

CAS DU CAMEROUN, DE LA REPUBLIQUE CENTRAFRICAINE ET DU TCHAD

Photo : Taedoumg, 2024

Les auteurs

BAH LE-MOURBE Karyom : Spécialiste des questions environnementales et des pratiques de développement durable, il exerce comme Chargé de programme au Centre d'Etude et de Formation pour le Développement et enseigne dans la filière Développement durable et gestion environnementale du CEFOD Business School.

BAOHOUTOU Laohote, Prof.: Expert en changement climatique, secrétaire scientifique de l'Observatoire du Foncier au Tchad (OFT) et Professeur à Université de N'Djaména.

DABIO Ahmat Yacoub, PhD : Expert en gestion de conflits, président du centre d'études pour le développement et la prévention de l'Extrémisme (CEDPE).

DJIMASSAL Alain : Expert en communication ; Secrétaire général du Réseau des Journalistes d'Afrique centrale en matière de gouvernance dans les industries extractives (Projet GIZ-REMAP-CEMAC) ; Chargé de communication chez Expertise France (Projet ACLEP G5) ; Chargé de formation au Centre Al-Mouna.

GHADA Fouad, PhD : Experte en sciences politiques, spécialiste des questions relatives aux femmes, à la paix et à la sécurité ; Directrice du Centre africain de Recherches et d'Etudes Stratégiques (ACRESS Center) du Caire en Egypte ; Membre du Comité National des

Femmes du Réseau Régional des Femmes du Bassin du Nil (Nile Basin Discourse's Regional Nile Women Network « RNWN »).

MAHAMAT ALI Mahamat Abdrahman: Juriste Publiciste, spécialisé en Droits de l'Homme ; Chercheur au Centre d'Etudes pour le Développement et la Prévention de l'Extrémisme (CEDPE) et Coordonnateur du Projet « Nexus – Climat – Sécurité – Environnement », Enseignant-Chercheur.

MAHAMAT Oumar Adam, PhD : Politologue, Expert en matière de paix et de sécurité ; Chercheur au Centre d'Etudes pour le Développement et la Prévention de l'Extrémisme (CEDPE) et Enseignant-permanent à la Faculté de Droit et des Sciences Sociales de l'Université de Moundou au sud du Tchad.

SOLKISSAM Foulnou: Expert en changement climatique et environnement ; Responsable en sauvegarde environnementale et sociale du Projet Régional d'Appui au Pastoralisme au Sahel-Phase 2 (PRAPS 2 TD) ; Secrétaire général de l'Association Groupe de Réflexion sur la Décentralisation au Tchad (GRDT).

TAEDOUMG Hermann, PhD : Expert en biodiversité, changement climatique et restauration des écosystèmes dégradés ; Coordonnateur général de « *Tropical Green Builder* »; Enseignant-Chercheur au Département de Biologie et de Physiologie végétales de la Faculté des sciences de l'Université de Yaoundé 1 au Cameroun.

TOUCKIA GORGON Igor, PhD : Expert en biodiversité végétale et changement climatique ;

Coordonnateur de l'organisation « Education Environnement et Développement Durable (EEDD) » ; Enseignant-Chercheur, membre du Laboratoire de Biodiversité Végétale et Fongique de l'Université de Bangui (RCA).

4

Remerciements

L'achèvement de ce travail représente le fruit de l'engagement de nombreux acteurs, à qui nous souhaitons exprimer notre sincère gratitude. Nous n'aurions pas pu y parvenir sans leur soutien. Nous adressons nos remerciements les plus sincères aux personnes et institutions suivantes :

- À l'Organisation Internationale de la Francophonie (OIF) pour avoir financé[1] et confié ce projet sur le Nexus climat-sécurité-environnement au Centre d'Études pour le Développement et la Prévention de l'Extrémisme (CEDPE), qui a ensuite formé un Consortium.

- Aux différentes structures membres du Consortium pour nous avoir désignés afin de mener cette étude en toute liberté grâce à leur représentation.

- Au Centre d'Études pour le Développement et la Prévention de l'Extrémisme (CEDPE) pour son initiative louable ayant conduit à la création du Consortium, et particulièrement au Docteur Ahmat Yacoub Dabio, Président du CEDPE.

- Aux autorités administratives et coutumières de la Centrafrique, du Cameroun et du Tchad pour avoir facilité et assuré la sécurité lors des visites sur les différents sites couverts par l'étude.

---

[1] PAS N/Réf. : DAPG/NG/AAB/AO/FP/20240202-001

Table des matières

Listes des annexes

Liste des figures

Liste des tableaux

Sigles et abréviations

ADIE : Association pour le Développement de l'Information Environnementale

CCNUCC : Convention Cadre des Nations Unies sur les Changements Climatiques

CDN : Contribution Nationale Déterminée

CO2 : Dioxyde de Carbone

CCBC : Commission Climat du Bassin du Congo

CEDPE : Centre d'Etudes pour le Développement et la Prévention de l'Extrémisme

CEEAC : Communauté Economique des Etats de l'Afrique Centrale

CEMAC : Communauté Economique et Monétaire de l'Afrique Centrale

COMIFAC : Commission des forêts d'Afrique Centrale

CdP (*COP* en anglais) : Conférence des Parties

DAPG : Direction des affaires politiques et de la gouvernance démocratique de l'Organisation Internationale de la Francophonie

CEFDHAC : Conférence sur les Ecosystèmes Forestiers Denses et Humides d'Afrique Centrale

ECOFAC : Programme Régional d'Appui pour la Conservation de la Biodiversité et des Ecosystèmes Fragiles d'Afrique Centrale

FEM : Fonds pour l'Environnement Mondial

GES : Gaz à effet de serre

GIEC : Groupe d'Experts Intergouvernemental sur l'Evolution du climat

IFDD : Institut de la Francophonie pour le Développement Durable

MDP : Mécanisme pour un Développement Propre

MOC : Mise en Œuvre Conjointe

NDVI: *Normalized Difference Vegetation Index* (Indice de Végétation par Différence Normalisée)

OCFSA : Organisation pour la Conservation de la Faune Sauvage en Afrique

OIF : Organisation Internationale de la Francophonie

OIM : Organisation Internationale pour les Migrations

ONACC : Observatoire National sur les Changements Climatiques (Cameroun)

PANA : Programme d'Action National d'Adaptation

PNUE : Programme des Nations Unies pour l'Environnement

RAPAC : Réseau des Aires Protégées d'Afrique Centrale

RPUA : Représentation permanente de l'OIF auprès de l'Union africaine

UICN : Union Internationale pour la Conservation de la Nature

UNOCA : Bureau régional des Nations unies pour l'Afrique centrale

UNSAC : Comité consultatif permanent des Nations Unies chargé des questions de sécurité en Afrique centrale

ZAE : Zone Agro écologique

Glossaire

Adaptation : elle se réfère à un large éventail de mesures destinées à réduire la vulnérabilité aux effets du changement climatique. Ces mesures peuvent aller de la plantation de variétés culturales plus résistantes à la sécheresse, à l'amélioration des informations climatiques et des systèmes d'alerte précoce, en passant par la construction de moyens de défense plus solides contre les inondations, la sécheresse et aux vents violents. L'adaptation se heurte à des défis tels que l'insuffisance des moyens financiers, le manque de connaissances et les contraintes institutionnelles, en particulier dans les pays en développement. L'urgence est particulièrement grande pour les pays en développement, qui ressentent déjà les effets du changement climatique et sont particulièrement vulnérables en raison d'une combinaison de facteurs, dont leur situation géographique et leurs conditions climatiques, leur forte dépendance à l'égard des ressources naturelles et leur capacité limitée à s'adapter à un climat changeant. L'adaptation est également particulièrement importante pour les femmes et les jeunes enfants, les personnes âgées, les minorités ethniques, les peuples autochtones, les réfugiés et les personnes déplacées : comme on le sait, ces personnes sont disproportionnellement touchées par le changement climatique.

Atténuation :

l'atténuation du changement climatique fait référence aux efforts visant à réduire ou à limiter les émissions de gaz à effet de serre (GES) dans l'atmosphère ou à augmenter les puits de carbone pour diminuer la concentration de ces gaz. L'objectif est de ralentir ou d'arrêter le réchauffement climatique et ses impacts futurs.

Climat : il décrit l'état moyen et les variations des paramètres tels que la température, les précipitations, le régime du vent dans une région sur une période d'au moins une à trois décennies.

L'Organisation météorologique mondiale (OMM) définit des périodes de référence de 30 ans pour décrire les états du climat. Elles permettent de surveiller le changement climatique et de classifier les différentes conditions climatiques des différentes régions du monde. L'évolution du système climatique est due à sa propre dynamique, mais aussi à des facteurs d'influence naturels, tels que les éruptions volcaniques et les variations du rayonnement solaire, ainsi qu'aux activités humaines. Les changements climatiques "désignent les variations à long terme de la température et des modèles météorologiques. Il peut s'agir de variations naturelles, dues par exemple à celles du cycle solaire ou à des éruptions volcaniques massives. Les activités humaines constituent l'une des causes principales des changements climatiques dues à la production et à la concentration des gaz à effet de serre, essentiellement en raison de la combustion de combustibles fossiles comme le charbon, le pétrole et le gaz.

Conflit associée aux changements de l'environnement et du climat : ce sont des situations où les effets du changement climatique et la dégradation de l'environnement exacerbent les tensions existantes ou créent de nouvelles sources de conflit. Les conflits et l'environnement sont profondément liés. La dégradation des ressources naturelles et des écosystèmes s'ajoute aux défis auxquels sont confrontées les communautés déjà vulnérables, à court et à long terme, et notamment les femmes et les filles qui sont touchées de manière disproportionnée.

Cependant, l'environnement fait partie des victimes de la guerre, par des actes délibérés de destruction ou des dommages collatéraux, ou parce que, pendant les conflits, les gouvernements ne contrôlent pas et ne gèrent pas les ressources naturelles. Ces interactions complexes montrent que le changement climatique n'est pas seulement une question environnementale, mais aussi un défi majeur pour la paix et la sécurité mondiales.

Conflits liés aux ressources : la raréfaction des ressources naturelles, telles que l'eau et les terres, devient un point de friction dans des contextes de pénurie accrue. La pénurie des ressources peut intensifier les conflits internes et intercommunautaires. La pénurie en elle-même n'est pas source de conflits. Les conflits apparaissent en l'absence de structures institutionnelles capables de répondre aux besoins des populations et réduire les sources de vulnérabilité. Par ailleurs la pénurie peut engendrer la coopération alors que l'abondance engendrera la violence.

Consolidation de la paix : elle vise à aider les pays qui émergent d'un conflit, à réduire le risque d'y replonger et à jeter les fondations d'une paix durable et du développement.

Déplacement interne : fait référence à chaque nouveau mouvement forcé d'une personne à l'intérieur des frontières de son pays enregistré au cours de l'année.

Déplacement répété : se produit lorsqu'une personne est forcée de se déplacer plusieurs fois. Certaines personnes sont déplacées à plusieurs reprises avant de trouver une solution à leur déplacement.

Environnement : il s'agit de l'environnement de l'homme et des sociétés humaines c'est à dire l'ensemble des milieux « naturels » et/ou « artificialisés » de l'écosphère où l'homme s'est installé, qu'il exploite, qu'il aménage, et l'ensemble des milieux non anthropisés nécessaires à sa survie ».

Mode de gestion des conflits : c'est compris comme les différentes approches pour anticiper, reconnaitre, prévenir et résoudre les tensions efficacement.

Réfugiés environnementaux : désigne les personnes qui ont été contraintes de quitter leur habitat traditionnel, temporairement ou de façon permanente, en raison d'une perturbation environnementale marquée (naturelle et/ou provoquée par l'homme) mettant en péril leur existence et/ou affectant gravement leur qualité de vie.

Résilience : c'est la capacité d'un être humain ou d'une communauté à faire face à des expériences difficiles et à, en sortir renforcé. C'est un processus qui implique qu'une personne confrontée à l'adversité développe une nouvelle interprétation de ce qu'elle vit ou a vécu. Un changement de regard qui ouvre la porte à de nouvelles idées et stratégies d'action. Ainsi, tout en reconnaissant les problèmes, la personne résiliente cherche au-delà de la simple réparation, les ressources positives, même modestes, qui l'aideront à reconstruire sa vie.

Pour activer le processus de résilience, l'être humain peut avoir besoin d'une tierce personne qui l'aide à prendre conscience de ses ressources internes et externes.

Ressources de l'environnement ou ressources naturelles : ce sont des substances, des organismes, des milieux ou des objets présents dans la nature, sans action humaine, et qui font, dans la plupart des cas, l'objet d'une utilisation pour satisfaire les besoins (énergies, alimentation, agrément, etc.) des humains, animaux ou végétaux. Les ressources naturelles peuvent également être une plate-forme pour l'établissement de la confiance et le partage

25

des bénéfices entre des groupes divisés ».

Ressource ligneuse : elle désigne toute matière provenant de plantes ou d'arbres qui a une structure en bois. Cela inclut principalement le bois utilisé dans la construction, le mobilier, la fabrication de papier, et d'autres produits dérivés du bois. Les ressources ligneuses peuvent aussi comprendre les sous-produits comme les copeaux, la sciure, et les feuilles. Ces ressources sont importantes tant sur le plan économique qu'écologique, car elles jouent un rôle crucial dans la gestion des forêts et la durabilité environnementale. En revanche, les ressources non-ligneuses englobent les matières provenant de plantes herbacées et d'autres formes de végétation, comme les fruits, les légumes, et les herbes. Contrairement aux ressources ligneuses, qui sont rigides et durables, les ressources non-ligneuses sont généralement plus souples et utilisées principalement pour l'alimentation ou les produits médicaux. Les deux types de ressources jouent des rôles essentiels, mais répondent à des besoins et des usages distincts.

Sécurité : elle consiste à contenir les risques à des niveaux considérés comme normaux ou acceptables, étant donné que le risque ne peut jamais être totalement éliminé dans aucun contexte. C'est une condition humaine fondamentale, comprise comme ne pas être exposé à un risque imminent de persécution, de maladie ou de mort." La sécurité humaine est une approche multisectorielle de la sécurité qui cerne les problèmes communs et généralisés qui compromettent la survie, les moyens de subsistance et la dignité des populations, et y remédie. L'adoption de la résolution 66/290 de l'Assemblée générale de l'ONU, le 10 septembre 2012, a posé un important jalon pour l'application de la notion de sécurité humaine.

Vulnérabilité : c'est un phénomène large qui pose la question du rapport des individus à la société dans laquelle ils vivent. Elle interroge la "représentation de l'humain", est liée à notre condition humaine. C'est un phénomène englobant, du fait de l'importance quantitative de ses occurrences. Penser la vulnérabilité implique de prendre en compte ses variations ''différentielles'' et sa distribution inégalitaire dans l'organisation sociale. C'est une notion opérationnelle aujourd'hui couramment utilisée pour désigner un état de fragilité". Il s'agit de l'exposition aux aléas climatiques.

Avant-propos

Je souhaite d'abord exprimer ma gratitude envers l'OIF pour son engagement en faveur de la paix, de la sécurité et de la lutte contre le changement climatique. Je remercie également le consortium d'experts des quatre pays, dirigé par le CEDPE, qui a permis de mener à bien la seconde phase du projet Nexus Climat-Sécurité-Environnement. Je me permets de dire qu'il s'agit d'un travail inédit réalisé par un Consortium d'experts de haut niveau, et je saisis cette occasion pour recommander aux partenaires et aux autorités africaines de continuer à collaborer avec ce Consortium à l'avenir.

Le changement climatique est un phénomène complexe principalement causé par l'augmentation des gaz à effet de serre dans l'atmosphère, résultant surtout des activités humaines telles que la combustion des combustibles fossiles, la déforestation, l'agriculture intensive, et la dégradation des espaces naturels. Ses conséquences incluent l'élévation des températures mondiales, l'acidification des océans, la fonte des glaciers et des calottes glaciaires, ainsi que l'augmentation de la fréquence et de l'intensité des phénomènes météorologiques extrêmes comme les inondations, les ouragans et les sécheresses.

Il s'agit d'un défi mondial qui affecte chaque région de manière unique. Bien que l'Afrique ne soit responsable que de 4 % des émissions mondiales de gaz à effet de serre, elle subit de manière disproportionnée les conséquences de la crise climatique, notamment dans des régions comme le Sahel, le bassin du lac Tchad, l'Afrique centrale et l'Afrique de l'Est. En Afrique, le changement climatique présente des défis particuliers en raison de la dépendance économique du continent aux ressources naturelles et de sa vulnérabilité aux fluctuations climatiques. Cela affecte la sécurité alimentaire, l'accès à l'eau potable, la santé publique et même la sécurité régionale. La hausse des températures, les modifications des régimes de précipitations et les phénomènes météorologiques extrêmes exacerbent des problèmes existants comme la perte de biodiversité, la pénurie d'eau et l'insécurité alimentaire. Ces tendances sont particulièrement prononcées dans le Sahel, où le Comité permanent Inter-États de lutte contre la Sécheresse dans le Sahel (CILSS) prévoit une diminution de 50 % des rendements agricoles d'ici 2050, entraînant une hausse significative des migrations vers les régions côtières.

Cette étude promeut une approche holistique qui reconnaît l'interdépendance entre les trois domaines que sont *le climat, la sécurité et l'environnement*. Il s'agit donc de contribuer, au profit de la jeunesse et des générations à venir, à un développement plus durable et inclusif dans la région, en favorisant la stabilité, la résilience et la paix. L'étude a nourri la réflexion sur le nexus climat-sécurité-environnement et a mis en valeur la recherche scientifique en se concentrant sur les relations entre le changement climatique et les dynamiques de conflit, ainsi que sur les enjeux de la sécurité environnementale au Cameroun, en République centrafricaine (RCA) et au Tchad. L'utilité est triple:

- Gérer les risques et les crises qui en découlent ;

- Renforcer la résilience des populations et des écosystèmes face aux défis liés aux trois domaines ;

- Renforcer les capacités des communautés en matière d'adaptation aux impacts du changement climatique, de prévention des conflits liés aux ressources naturelles et de promotion d'une gestion durable des écosystèmes.

Dr. Ahmat YAcoub Dabio
Expert en gestion de conflit
Président du Centre d'Etudes pour
le Développement et la Prévention des conflits
Chef du projet Nexus Climat-Sécurité-Environnement

Résumé analytique

Le changement climatique a des effets graves sur l'Afrique, malgré ses faibles émissions de gaz à effet de serre. Ce phénomène amplifie les crises sécuritaires et sociales, comme le montre la vulnérabilité du Cameroun, de la République Centrafricaine (RCA) et du Tchad. La deuxième phase de cette étude initiée en 2023 visait à approfondir la compréhension des impacts du climat sur la sécurité et l'environnement, en produisant des données scientifiques, en développant des indicateurs de suivi, et en renforçant les capacités de l'OIF (l'Organisation Internationale de la Francophonie) à mener des analyses y compris des projections, ainsi que des actions prenant en compte le nexus climat-environnement- sécurité dans le cadre de la prévention des crises et des conflits dans l'espace francophone.

Les données climatiques de 1981 à 2022 montrent des variations significatives dans les précipitations et les températures au Cameroun, en RCA et au Tchad. Au Cameroun, les précipitations sont en baisse à Bangangté et stables à Foumban, tandis qu'en RCA, elles varient avec des périodes de déficits et d'excès. Au Tchad, les précipitations sont généralement faibles et les températures élevées. Les tendances climatiques montrent une augmentation des températures et des fluctuations dans les précipitations, influençant la vie locale et la sécurité alimentaire.

31

Les tendances des précipitations et des températures révèlent des déficits pluviométriques dans les décennies passées, suivis d'une amélioration récente, bien que des excès puissent causer des inondations et sécheresses. Les températures augmentent, affectant les régimes pluviométriques et la biodiversité, et intensifiant les crises alimentaires et les conflits liés aux ressources.

Les cartes NDVI (*Normalized Difference Vegetation Index*) indiquent une perte de végétation importante dans certaines régions du Cameroun et une amélioration en RCA. La dégradation de la végétation affecte les conflits liés aux ressources, les migrations et les tensions entre agriculteurs et éleveurs. La gestion intégrée des ressources naturelles est cruciale pour atténuer ces impacts.

Des accords régionaux comme la Convention africaine sur la conservation de la nature et des ressources naturelles de 1963 et les règlements de la CEMAC (Communauté Economique Et Monétaire de l'Afrique centrale) et de l'UEAC (Union des États d'Afrique centrale) encadrent la protection environnementale. Chaque pays a intégré la protection de l'environnement dans ses lois nationales, bien que des défis subsistent, notamment en termes de mise en œuvre et de ressources. Les institutions régionales, comme l'OCFSA (Organisation pour la Conservation de la Faune Sauvage en Afrique) et la COMIFAC (Commission des Forêts d'Afrique centrale), ainsi que les ministères nationaux de l'Environnement, jouent un rôle crucial dans la gestion des défis climatiques. Cependant, des insuffisances légales et institutionnelles, ainsi que des ressources limitées, posent des obstacles importants.

En Afrique subsaharienne, le changement climatique a des conséquences dévastatrices sur la sécurité humaine, poussant environ 6 032 000 personnes à se déplacer, notamment au Cameroun, au Tchad et en République centrafricaine. Un des principaux facteurs de cette migration est la rareté croissante des ressources, en particulier l'eau, qui exacerbe les conflits entre agriculteurs et éleveurs. Ces groupes se disputent l'accès aux terres et aux ressources hydriques, entraînant des tensions qui peuvent rapidement dégénérer en violences. Par exemple, au Cameroun, la compétition pour le partage des terres agricoles et les pâturages se heurte aux besoins des éleveurs, qui cherchent à augmenter leurs troupeaux pour garantir leur subsistance.

La situation est particulièrement préoccupante en raison de l'incapacité des gouvernements à gérer ces conflits. Les préparations et les réponses institutionnelles face aux impacts du changement climatique sont souvent insuffisantes, laissant les communautés vulnérables et sans soutien. Cette lacune dans la gouvernance crée un terrain fertile pour l'escalade des violences, où des affrontements armés peuvent survenir, affectant particulièrement les populations déjà marginalisées, dont les femmes, qui sont souvent les premières victimes de violences sexuelles et de représailles.

De plus, la dépendance à des sources d'énergie peu durables, comme le bois pour la cuisson, aggrave cette crise. Les familles, souvent contraintes d'utiliser ce combustible en raison de son faible coût, exposent ainsi leur santé à des risques environnementaux et sanitaires. La combinaison de ces facteurs — la compétition pour les ressources, l'insuffisance des réponses gouvernementales et la dégradation des conditions de vie — crée un cercle vicieux de conflits et d'instabilité, menaçant non seulement la sécurité des individus mais aussi la cohésion sociale dans ces régions fragiles.

Les mesures proposées pour améliorer la gestion des ressources et renforcer la résilience face au changement climatique en Afrique centrale se concentrent sur plusieurs axes essentiels, notamment la nécessité d'un **financement adéquat**. Tout d'abord, il est crucial de **renforcer la coopération régionale** en établissant des plateformes de dialogue entre États, organisations régionales et communautés locales. Ces structures permettent de coordonner les efforts pour gérer les ressources transfrontalières et répondre aux crises environnementales, tout en favorisant la résolution pacifique des conflits liés aux ressources naturelles.

Un autre aspect fondamental est d'**accroître la résilience climatique** des communautés. Cela passe par le développement de programmes qui améliorent leur capacité à faire face aux impacts du changement climatique, comme la construction d'infrastructures adaptées et la promotion de pratiques agricoles durables. La mise en place de systèmes d'alerte précoce peut également jouer un rôle clé en anticipant les crises environnementales et en réduisant les tensions liées à l'accès aux ressources. Toutefois, ces initiatives nécessitent un **financement approprié**, tant à l'échelle nationale qu'internationale, pour garantir leur mise en œuvre efficace.

Parallèlement, il est important d'adopter une **gestion intégrée des ressources naturelles**. Cela nécessite des politiques qui équilibrent les besoins de différents groupes, tout en minimisant les conflits. Des pratiques telles que l'agroforesterie et l'agriculture biologique doivent être encouragées pour garantir une exploitation durable. Le **renforcement des capacités institutionnelles** est également crucial, en investissant dans la formation des employés des ministères concernés pour assurer une meilleure coordination entre les différents niveaux de gouvernance.

Enfin, l'**implication des communautés locales** dans la prise de décision et la sensibilisation à la gestion durable des ressources sont des éléments clés pour assurer l'efficacité des initiatives environnementales. Cela inclut également la réallocation de ressources financières vers des projets environnementaux prioritaires. Ensemble, ces mesures visent à créer un cadre intégré et durable pour faire face aux défis environnementaux en Afrique centrale, en favorisant la coopération, la résilience, et l'engagement communautaire, tout en garantissant les ressources nécessaires pour leur réalisation.

Introduction générale

Bien que l'Afrique représente 17 % de la population mondiale, elle ne contribue que de manière marginale aux émissions mondiales de gaz à effet de serre (3 %) (IPCC, 2022). Cependant, le continent subit de manière disproportionnée les effets du changement climatique, avec des conséquences économiques, sociales, environnementales et sécuritaires sévères. En 2022, les sécheresses en Afrique de l'Est ont affecté 36 millions de personnes, et les inondations au Nigeria, Cameroun, Mali, Burkina Faso et Niger ont causé plus de 600 morts et déplacé plus de 1,3 million de personnes (OCHA, 2023). Les catastrophes climatiques se sont intensifiées en 2023 avec des inondations et des glissements de terrain en République Démocratique du Congo et au Rwanda, entraînant plus de 500 morts, ainsi que des pluies torrentielles en Libye faisant plus de 150 victimes (BBC, 2023).

L'Union Africaine (UA) a identifié le changement climatique comme un multiplicateur de menaces, générant une gamme de risques pour la paix et la sécurité, y compris l'insécurité alimentaire, la perte des moyens de subsistance, la gestion complexe des ressources naturelles, la raréfaction des ressources en eau, et l'intensification des tensions et conflits existants (AU, 2021). L'impact des crises climatiques est amplifié par les crises sécuritaires. En effet, les dépenses militaires consacrées à la lutte contre le terrorisme peuvent détourner des ressources essentielles à la gestion environnementale. Par ailleurs, les conflits armés entraînent souvent la destruction des écosystèmes et favorisent le trafic illégal des ressources naturelles.

La relation entre la sécurité, la paix et les changements climatiques en Afrique est profondément interconnectée, chaque élément influençant et étant influencé par les autres. Selon le Rapport mondial sur le déplacement interne 2024 (*Global Report on Internal Displacement, 2024*), l'Afrique subsaharienne comptait 19,5 millions de personnes déplacées, soit environ 41,6 % du nombre total de déplacés dans le monde. Parmi elles, 13 466 000 sont des déplacés internes à cause de la violence et des conflits, tandis que 6 032 000 personnes ont été déplacées en raison de catastrophes naturelles. Ainsi, chaque facteur peut être à la fois une cause et une conséquence de l'autre.

Lorsqu'un conflit éclate dans une région d'un pays africain – souvent dû à des luttes pour le pouvoir ou l'accès à des ressources précieuses comme les mines d'or ou de diamants –, les habitants de ces zones commencent à fuir vers d'autres régions pour échapper à la guerre et à la mort. Cela crée alors une pression accrue sur les ressources disponibles dans ces nouvelles zones d'accueil.

Pendant ce temps, les ressources financières de l'État sont principalement investies dans la gestion des conflits armés en cours, qu'il s'agisse de groupes rebelles, séparatistes ou terroristes. Cette situation limite la capacité des gouvernements à allouer ces fonds à l'adaptation aux changements climatiques, afin de compenser le manque de nourriture et d'eau lié aux effets négatifs de ces changements, comme la dégradation des terres agricoles, la raréfaction de l'eau et d'autres conséquences défavorables.

De nouveaux conflits émergent alors dans les zones d'accueil des déplacés, mais de nature différente, car il s'agit désormais de luttes pour l'accès à la nourriture et à l'eau, tant pour les humains que pour les animaux. Ce phénomène se déroule dans un contexte d'aggravation des changements climatiques à travers divers pays africains. Les liens entre changement climatique, paix et sécurité en Afrique centrale sont de plus en plus reconnus, y compris par le Conseil de sécurité des Nations Unies. En 2018 et 2019, le Conseil a demandé au Bureau régional des Nations Unies pour l'Afrique centrale (UNOCA) de prendre en compte le changement climatique parmi les différents facteurs affectant la stabilité de la région, comme le soulignent les déclarations de la présidence dudit conseil (S/PRST/2018/17 et S/PRST/2019/10) (Bureau Régional des Nations Unies pour l'Afrique centrale, 2020).

En Afrique centrale, les défis environnementaux et sécuritaires s'aggravent en raison des effets du changement climatique, notamment dans des pays comme le Cameroun, la RCA et le Tchad. A titre d'exemple, le Cameroun a enregistré 2 600 déplacés à cause de catastrophes et du changement climatique en 2023, tandis que le Tchad a compté 16 000 déplacés climatiques, et la République Centrafricaine a été la plus touchée avec 70 000 déplacés dus à des catastrophes (Global Report on Internal Displacement, 2024, Internal Displacement Monitoring Centre, 2024). Ces pays, qui dépendent fortement de l'exportation de ressources naturelles telles que le pétrole, le gaz ou les minéraux, et qui font souvent face à des équilibres sociaux et politiques fragiles, sont particulièrement vulnérables. La dégradation environnementale, le changement climatique et les crises de ressources exacerbent les tensions et les conflits sociaux, compromettant ainsi la stabilité régionale. À titre d'exemple, la violence interconfessionnelle et les affrontements entre groupes rebelles armés ont particulièrement affecté la province du Nord-Ouest, qui a enregistré 75 000 cas de déplacement en 2023 (GRID, 2024).

Lors de la 49ème réunion du Comité consultatif permanent des Nations Unies chargé des questions de sécurité en Afrique centrale (UNSAC), de 2019, puis en 2021lors de la 52e réunion, les États membres de la Communauté Economique des Etats d'Afrique centrale

(CEEAC) ont demandé à l'UNOCA, en collaboration avec le Programme des Nations Unies pour l'environnement (PNUE), de soutenir les efforts régionaux pour faire face à l'impact du changement climatique sur la paix et la sécurité. Cette dynamique entraîne des défis sociaux, car les conflits entre les groupes sociaux se multiplient, dégénérant parfois en affrontements sanglants. La gravité des conflits varie d'une région à l'autre, mais il est reconnu que le changement climatique altère les sources de subsistance des populations, poussant ces dernières à adopter des stratégies de survie souvent conflictuelles.

En réponse à ces enjeux, l'OIF a pris des initiatives pour approfondir la compréhension du nexus climat-sécurité-environnement. En 2020, l'OIF a consulté 10 000 jeunes de 83 pays, révélant un fort intérêt pour les questions environnementales et climatiques, et une volonté de participation accrue dans la formulation et la mise en œuvre des politiques de développement durable (OIF, 2020). Ce constat a conduit à des actions pour sensibiliser, éduquer et responsabiliser les jeunes, les femmes et la société civile dans son ensemble.

En janvier 2021, l'OIF a lancé une initiative pour le Bassin du Congo visant à plaider pour la solidarité des États membres en faveur du Plan d'investissement de la Commission Climat du Bassin du Congo (CCBC), à développer des projets alignés avec les priorités du plan, et à accompagner les pays dans l'accès à la finance climat (IFDD, 2021). En outre, des événements internationaux comme le congrès mondial de la nature de l'UICN à Marseille, les conférences des parties (CdP) sur les changements climatiques à Glasgow et Charm el-Cheikh, la CdP15 de la Convention des Nations Unies sur la lutte contre la désertification à Abidjan, et le One Forest Summit à Libreville ont également servi de plateformes pour sensibiliser sur les enjeux climatiques.

La Direction des affaires politiques et de la gouvernance démocratique (DAPG) de l'OIF a entrepris plusieurs actions pour développer le nexus sécurité-climat. Parmi celles-ci, la participation au séminaire "30 ans de l'Agenda pour la Paix" au Caire, l'organisation de l'atelier "Climat et sécurité en Afrique : Focus sur le Sahel" au Forum d'Assouan, et la préparation du dialogue multiparties au Forum de Tana. L'OIF a également organisé des assises francophones sur le Nexus Agriculture, climat, eau, énergie et biodiversité à Dakar, et produit des notes d'analyse sur la dimension sécurité humaine et environnement au Sahel (OIF, 2022).

À la suite de ces travaux, l'Organisation a lancé une étude sur le nexus climat-sécurité-environnement, visant à renforcer à la fois ses données et les capacités des États à faire face au réchauffement climatique. Le Centre d'Études pour le Développement et la Prévention de l'Extrémisme (CEDPE), basé au Tchad, a été choisi pour réaliser cette étude. Après une première phase qui a révélé les problématiques profondes et les enjeux du changement climatique en Afrique centrale, le CEDPE et l'OIF ont signé un protocole d'accord le 4 avril 2024, confirmant la volonté des deux organisations de collaborer à une deuxième phase de l'étude, avec pour objectif de mettre en lumière l'interconnexion entre les changements climatiques, la sécurité et l'environnement au Cameroun, en République Centrafricaine et au Tchad.

Rappel des objectifs

La deuxième phase de l'étude vise principalement à approfondir le rapport provisoire sur le nexus climat-sécurité-environnement en Afrique centrale (Tchad, Cameroun, Centrafrique), élaboré lors de la phase 1 (juillet – novembre 2023). Cette phase de consolidation s'est basée sur les conclusions et recommandations issues : i) des échanges entre le CEDPE et le Comité de suivi de l'OIF, et ii) de la journée d'échange organisée le 16 novembre à N'Djamena. La nouvelle étude a également intégré une dimension régionale, avec l'implication des experts des pays concernés et la constitution d'équipes d'enquêteurs formés. Ces équipes, supervisées par des experts locaux dans chaque pays, ont collecté méthodiquement des données au Cameroun, en RCA et au Tchad.

Problématique

Comment le changement climatique interagit-il avec les dimensions de la sécurité et de l'environnement en Afrique centrale, et comment ces interactions varient-elles entre le Cameroun, la RCA et le Tchad ? Comment les politiques et les instruments juridiques existants peuvent-ils être améliorés pour mieux atténuer ces effets et promouvoir la résilience des communautés ?

Les changements climatiques qui se sont produits, en particulier au cours de la dernière décennie, ont de nombreuses répercussions sur le continent africain. Cependant, cette étude postule que le changement climatique constitue un facteur important et une cause principale des menaces à la paix et à la sécurité, ainsi que de la propagation des conflits, en particulier ceux de nature interne, auxquels certaines communautés africaines sont actuellement confrontées.

Par conséquent, l'étude formule plusieurs hypothèses secondaires :

- Il existe une relation directe entre le changement climatique et la propagation des conflits internes au sein des communautés africaines.

- Il existe une corrélation entre le changement climatique, les tensions sociales et les conflits armés. Plus les effets négatifs du changement climatique s'intensifient, plus les tensions au sein des communautés augmentent, ce qui entraîne des conflits.

- Il existe une relation directe entre une mauvaise gestion des ressources naturelles et humaines et l'aggravation des effets négatifs du changement climatique.

- L'absence d'éducation et de formation affecte la capacité d'adaptation au changement climatique.

- Il existe une relation inverse entre la sécurité environnementale et la prolifération des conflits armés ainsi que des bases militaires.

- Il existe une relation directe entre le changement climatique et l'augmentation des migrations et des déplacements de populations.

Rappel des résultats attendus

A l'issue de cette étude, il est attendu des résultats spécifiques sur les points suivants :

☐Renforcement de la connaissance scientifique et production de données :

- Résultat attendu: disponibilité d'une base de données scientifiques sur les impacts du changement climatique sur la paix et la sécurité, accompagnée de la diffusion de rapports.

☐Proposition d'indicateurs de collecte de données et de suivi :

- Résultat attendu : indicateurs validés pour mesurer les impacts du changement climatique sur la paix et la sécurité, appuyé sur un système de collecte de données opérationnel.

☐Amélioration des capacités de l'OIF :

- Résultat attendu : capacité renforcée de l'OIF pour effectuer des analyses et projections sur les impacts du changement climatique, ainsi que pour intégrer des stratégies de prévention des crises.

☐Développement d'une interface science-politique-société :

- Résultat attendu : mécanismes de dialogue entre scientifiques, décideurs, et société civile, et meilleure intégration des connaissances scientifiques dans les politiques publiques.

Approche méthodologique

Pour traiter ce sujet, cette étude a adopté une approche mixte, combinant des méthodes quantitatives et qualitatives.

L'étude a débuté par une revue bibliographique approfondie, visant à contextualiser les problématiques actuelles liées aux changements climatiques en Afrique centrale et à faire une analyse de l'arsenal juridique et autres conventions ratifiées sur la question du changement climatique dans les trois pays. Cette revue, combinée aux données collectées sur le terrain, a permis d'approfondir la compréhension des enjeux socio-environnementaux, établissant ainsi une base solide pour des recommandations politiques et des stratégies de gestion durable.

La phase suivante a consisté en l'élaboration et la validation d'un questionnaire harmonisé pour les trois pays concernés. Ce questionnaire a couvert des aspects essentiels tels que la perception des changements climatiques, leur impact sur les ressources naturelles, la sécurité alimentaire, et les conflits liés à la gestion des ressources. Une formation complète des enquêteurs a été mise en place pour assurer la qualité et la précision des données recueillies.

Après la collecte des données sur le terrain, une analyse statistique descriptive a été réalisée à l'aide du logiciel

SPSS. Cette analyse avait pour objectif d'identifier les relations entre la sécurité, l'environnement et le climat, en structurant les dynamiques de pouvoir et les enjeux sous-jacents. De plus, une étude de la vulnérabilité a été menée pour compléter l'analyse.

Les caractéristiques climatiques des trois pays ont été établies à partir de données de la NASA/POWERCERES/MERRA2, faute de données directes. Ces informations, couvrant la période de 1981 à 2022, incluent la pluviométrie, la température, et le vent. Elles sont complétées par des études antérieures et des observations de terrain.

Le changement dans la couverture végétale est essentiel pour évaluer la santé environnementale ainsi que ses impacts socio-économiques. Le NDVI a été calculé à partir des bandes rouges et proche infrarouge des images Sentinel-2A, permettant ainsi de mesurer la densité de végétation dans les zones étudiées.

Pour évaluer la vulnérabilité environnementale, il a fallu examiner l'exposition aux dangers comme les tempêtes ou les sécheresses, ainsi que la sensibilité du système aux changements tels que les variations de température. L'aspect conflictuel lié aux ressources naturelles et aux changements climatiques a aussi été crucial, car la compétition pour ces ressources a intensifié les tensions. Enfin, la capacité d'adaptation, en permettant des ajustements pour atténuer les impacts, a joué un rôle clé dans la réduction de la vulnérabilité globale.

Les sites de collecte de données ont été sélectionnés en s'appuyant sur la documentation existante et sur la connaissance régionale des experts, tout en tenant compte des contraintes budgétaires ainsi que des considérations de sécurité et d'accessibilité.

Territoires couverts par l'étude

L'étude porte sur trois pays d'Afrique centrale : le Cameroun, la RCA et le Tchad (Figure 1).

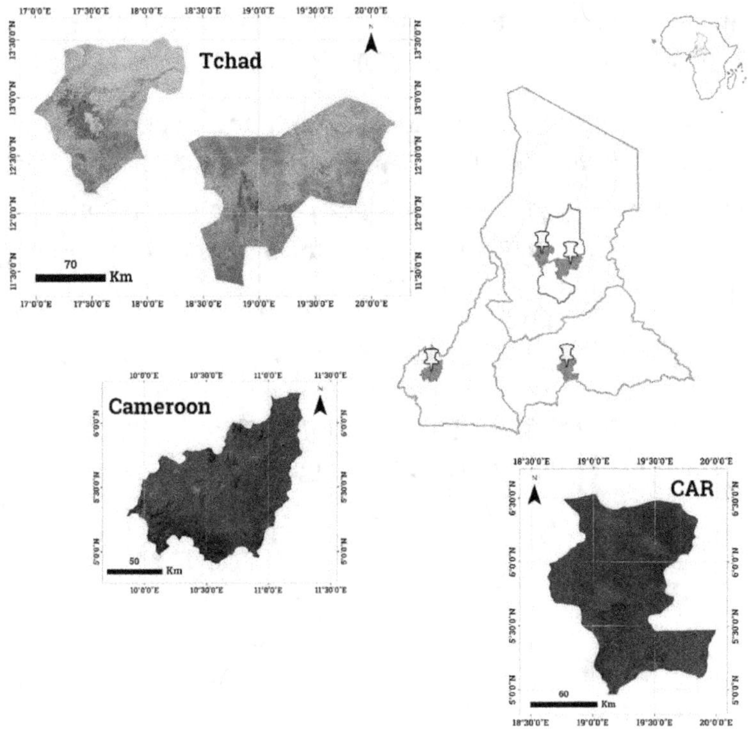

Figure 1: Aire géographique et sites de l'étude

Cameroun

Au Cameroun deux (2) localités (Figure 1) documentées comme étant des zones de conflits multiformes liés à la cohabitation et à la lutte pour l'accès aux ressources naturelles ont été choisies.

☐ Monts Bana-Bangangté-Bangou

Les Monts Bana-Bangangté-Bangou forment une chaîne de montagnes située dans la Région de l'Ouest du

Cameroun, s'étendant principalement dans les départements des Haut-plateaux, du Ndé, et du Haut-Nkam. Les Monts Bana-Bangangté-Bangou abritent une diversité de groupes ethniques, notamment les Bamiléké qui y résident depuis des générations. Ces communautés locales sont engagées dans l'agriculture, l'élevage et l'exploitation forestière, tout en préservant leurs traditions culturelles et leurs pratiques ancestrales. Au cours de la dernière décennie, l'ouest du Cameroun a été confronté à une série de crises socio-sécuritaires et environnementales, notamment le conflit armé dans les régions anglophones (Nord-Ouest et Sud-Ouest – NOSO). En conséquence, les Monts Bana-Bangangté-Bangou ont accueilli des groupes traditionnellement défavorisés, tels que les éleveurs Mbororo marginalisés et les déplacés internes fuyant la crise anglophone. Cette situation a engendré des défis supplémentaires pour les habitants de la région, notamment des changements dans les modes d'utilisation des terres et de nombreux problèmes fonciers.

☐　　　Plaine inondable du Noun

La plaine inondable du Noun constitue l'une des subdivisions administratives du Cameroun, située dans la Région de l'Ouest. Son centre névralgique est la ville historique de Foumban, renommée pour son riche patrimoine culturel. Le département du Noun se distingue par sa diversité ethnique, abritant des communautés telles que les Bamoun, les Peuls et les Mbororos, qui cohabitent dans la région, parfois dans des conditions tendues. Cette cohabitation a en effet été entachée par des affrontements interethniques récents, mettant en lumière les tensions sous-jacentes. Du fait de sa proximité géographique avec les régions affectées par le conflit armé, notamment la Crise dans les régions, la plaine du Noun est devenue une terre d'accueil pour de nombreux déplacés internes. L'expansion des terres agricoles pour répondre aux besoins alimentaires croissants de la population entraîne une conversion rapide des zones forestières en terres cultivables. Cette expansion doit composer avec les besoins incessants de pâturages pour l'élevage, créant ainsi des tensions supplémentaires. En outre, la région est confrontée à une exploitation illégale du bois d'une intensité alarmante, ce qui accentue la déforestation et compromet l'équilibre écologique local.

République Centrafricaine

En République Centrafricaine, deux préfectures ont été sélectionnées pour l'étude, à savoir l'Ombella-M'poko et la Kémo (Figure 1).

□   L'Ombella-M'poko

La préfecture de l'Ombella-M'poko, plus précisément les villages situés le long de l'axe Bangui-Damara, à environ 100 km de la capitale, constitue le premier site de l'étude en RCA. Cette région, caractérisée par une végétation de type savane arbustive, présente un ensemble unique de

52

défis environnementaux et socio-économiques. En saison sèche, la zone est particulièrement affectée par la crise engendrée par le passage des Peuls transhumants. Ces éleveurs nomades, en quête de pâturages pour leur bétail, exercent une pression importante sur les ressources locales. Cette situation est exacerbée par d'autres pressions anthropiques, notamment l'agriculture itinérante sur brûlis et les coupes anarchiques de bois pour la production de charbon. Ces pratiques contribuent à une dégradation accrue des terres ainsi qu'à une réduction des ressources forestières. Les conflits entre agriculteurs et éleveurs sont fréquents le long de cet axe, et les tensions peuvent dégénérer en affrontements violents. En particulier, les tensions entre les Peuls et les milices d'autodéfense connues sous le nom d'« Anti-balaka[2] » (Kah, 2014) illustrent les défis sécuritaires et communautaires de la région. Ces conflits peuvent avoir des répercussions sévères sur la stabilité locale, la cohésion sociale et la gestion des ressources naturelles.

☐ La Kémo

La préfecture de Kémo, située au centre de la République Centrafricaine, comprend les sous-préfectures de Grimari

---

2 Les **anti-balaka** sont des milices d'auto-défense mises en place par des paysans en République centrafricaine. Elles prennent les armes en 2013 contre les Seleka lors de la troisième guerre civile centrafricaine (…) A l'origine, ils étaient des milices formées en 2009 afin de lutter contre les « *zaraguinas* », des bandits de grands chemins et des coupeurs de routes actifs au nord et à l'ouest de la République centrafricaine.

et Dekoua. Cette région se trouve dans une zone soudano-guinéenne, caractérisée par un climat spécifique et une végétation variée qui influence les activités économiques et les modes de vie locaux. Le climat de la préfecture de Kémo est typiquement soudano-guinéen, avec une alternance de saisons sèches et pluvieuses, favorisant une végétation diversifiée. Cette végétation inclut des savanes et des forêts claires, qui jouent un rôle crucial dans les activités agricoles et pastorales. L'agriculture est la principale activité économique de la région, avec une variété de cultures vivrières et de cultures de rente adaptées au climat local. L'élevage constitue également une activité significative, avec des troupeaux de bovins, ovins, et caprins. Le commerce local, souvent axé sur les produits agricoles et les biens de consommation courante, joue un rôle important dans la vie économique de la région. La Kémo est traversée par un couloir de transhumance, ce qui engendre des conflits récurrents entre les agriculteurs sédentaires et les éleveurs transhumants. Ces tensions résultent principalement de la compétition pour l'accès aux ressources naturelles, telles que les pâturages et les points d'eau. Les périodes de sécheresse ou de rareté des ressources exacerbent ces conflits, menant souvent à des affrontements entre les communautés locales. La coexistence de nombreux groupes ethniques dans cette région enrichit le tissu socio-culturel de Kémo. Chaque groupe apporte ses propres traditions, pratiques agricoles et systèmes de gestion des ressources, ce qui contribue à une dynamique communautaire complexe.

Tchad

Au Tchad, le site d'enquête est situé au centre du pays, dans la zone sahélienne (Figure 1). Deux localités ont été choisies en lien avec la fréquence des conflits liés aux ressources naturelles.

 ☐ Mangalmé

Situé dans la province du Guéra, le département de Mangalmé se trouve à la jonction entre le Sahara et le Sahel. À la fin de la saison des pluies, les éleveurs transhumants choisissent Mangalmé comme lieu de séjour avant de poursuivre leur route vers le sud du pays à la recherche du pâturage. De même, en début de saison des pluies, ils reviennent dans la région avant de regagner leurs zones d'origine. Cependant, ces mouvements saisonniers sont souvent à l'origine de conflits récurrents entre les agriculteurs et les éleveurs, en particulier au début de la saison des pluies. Les enquêtes de terrain ont permis d'identifier et d'approfondir les questions liées aux conflits entre agriculteurs et éleveurs, en mettant en lumière les enjeux liés à l'exploitation des ressources naturelles. Ces ressources se raréfient progressivement en raison des changements climatiques et de la dégradation de l'environnement, observés au cours des dernières décennies. En comprenant mieux les dynamiques de ces conflits et les pressions exercées sur les ressources naturelles, il sera possible de formuler des solutions durables pour promouvoir la coexistence pacifique et la gestion responsable des terres dans le département de Mangalmé, en particulier, et partant dans toute la région voire dans tout le pays.

       ☐   Fitri

Fitri est une zone humide située en plein cœur du Sahel, une région caractérisée par son climat aride et semi-aride. Le lac-Fitri, alimenté par le fleuve temporaire Batha, constitue un écosystème précieux et unique dans cette région sahélienne. En raison de sa richesse en ressources naturelles, le Lac-Fitri est un milieu naturellement attrayant pour divers groupes de producteurs locaux, notamment les pêcheurs, les éleveurs et les agriculteurs. Ces groupes se disputent l'accès aux ressources naturelles du lac, ce qui engendre des conflits récurrents. La pêche est une activité essentielle pour les communautés locales, tandis que les éleveurs dépendent des zones humides pour abreuver leur bétail. Les agriculteurs, quant à eux, exploitent les terres fertiles autour du lac pour la culture de leurs produits. Les tensions entre ces différents groupes se manifestent régulièrement, nécessitant une gestion prudente et une compréhension approfondie des dynamiques écologiques et sociales. Le Lac-Fitri est situé à environ 300 kilomètres au nord de N'Djamena, la capitale du Tchad.

Echantillonnage, catégorisation et perception des variations climatiques et environnementales au Cameroun, en Centrafrique et au Tchad

Catégorisation de la population enquêtée

L'enquête de base sur le nexus climat-sécurité-environnement au Cameroun, en Centrafrique et au Tchad a impliqué 3 121 personnes provenant de six agglomérations distinctes, soit deux localités par pays étudié.

Echantillon de l'enquête : l'échantillon de l'enquête est réparti de manière équitable entre les différents sites. En moyenne, 1040 personnes ont été enquêtées dans chaque pays, avec un maximum de 1051 personnes en République Centrafricaine et, un minimum de 1024 personnes au Cameroun (Figure 2).

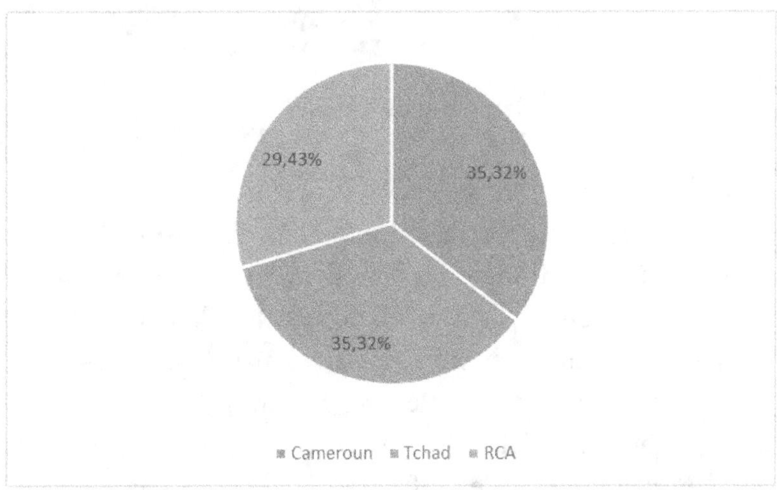

Figure 2 : Distribution de la population enquêtée par pays

Le Nexus Climat-Sécurité-Environnement en Afrique centrale : *Cas du Cameroun, de la République Centrafricaine et du Tchad – Etude financée par L'OIF, réalisée par le Consortium – CEDPE- 2025*

Echantillon enquêté et genre : la répartition intersectionnelle de la population étudiée est fortement influencée par le genre. Deux personnes sur trois parmi les enquêtés sont des hommes. Au Cameroun et au Tchad, les taux de participation des femmes sont les plus bas, atteignant 12 % dans chaque pays, tandis que le taux global de participation féminine est inférieur à 40 %. La dominance masculine est manifeste dans toutes les communautés concernées, avec la proportion féminine la plus faible enregistrée en RCA à 14 % (Figure 3).

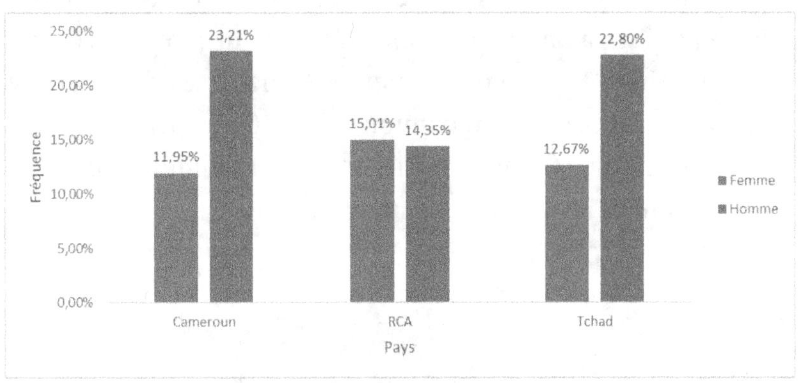

Figure 3 : Répartition des enquêtés par genre

Bien que l'étude ait pris en compte la dimension de genre dans la répartition de l'échantillon, les contraintes socio-culturelles ont influencé l'administration du questionnaire sur le terrain. La prédominance masculine parmi les personnes enquêtées reflète les relations de genre au sein des familles dans les différentes communautés du Cameroun, de la Centrafrique et du Tchad (Batibonack, 2000). Cette situation met en évidence une tendance à «

l'effacement » des femmes dans ces sociétés, surtout lorsqu'il s'agit de prendre des décisions concernant la communauté (Care, 2014; MINPROFF-INS, 2012; DAI, 2021; CREFAT, 2016). Pourtant, les femmes possèdent une connaissance approfondie des enjeux abordés dans le cadre de ce nexus, en raison de leur forte dépendance vis-à-vis des ressources environnementales pour leurs activités socio-économiques.

Age de l'échantillon enquêté : d'après la figure 4 ci-dessous, les personnes âgées de 25 à 54 ans sont les plus représentées dans l'échantillon, ce qui indique probablement un faible ratio de dépendance[3] par rapport à la population active. Toutefois, ce chiffre peut masquer des disparités significatives qui nécessitent une analyse plus approfondie dans un cadre approprié.

3Le ratio de dépendance est un indicateur qui mesure la proportion de la population dépendante (les jeunes de moins de 15 ans et les personnes âgées de plus de 65 ans) par rapport à la population en âge de travailler (15-64 ans). Une augmentation de ce coefficient implique que les coûts de construction des établissements d'enseignement, de la protection sociale, des soins de santé, des pensions, etc. devraient être augmentés.

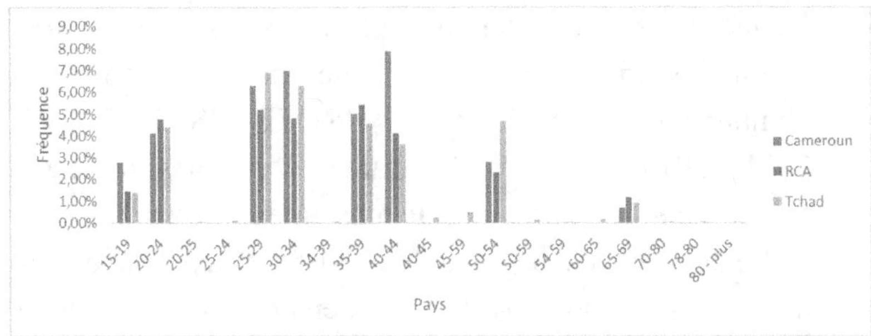

Figure 4 : Les tranches d'âges des enquêtés par pays

Les jeunes âgés de 15 à 24 ans et les personnes plus âgées, de 65 à 69 ans, sont également présents en nombre notable. L'échantillon couvre donc une large tranche d'âges, offrant ainsi une perspective plus complète du nexus climat-sécurité-environnement dans une approche spatio-temporelle.

Statut résidentiel des enquêtés : sur les 2899 personnes ayant participé à cette étude, plus de 82 % sont originaires des localités où les enquêtes ont été menées (Figure 5). Cette forte proportion de populations autochtones a permis d'obtenir une perception plus complète et contextualisée des changements environnementaux et climatiques, ainsi que de leurs liens avec la dynamique des conflits dans la région. La présence d'un effectif significatif de populations allogènes a également été cruciale pour comprendre le phénomène migratoire dans le cadre du nexus climat-sécurité-environnement.

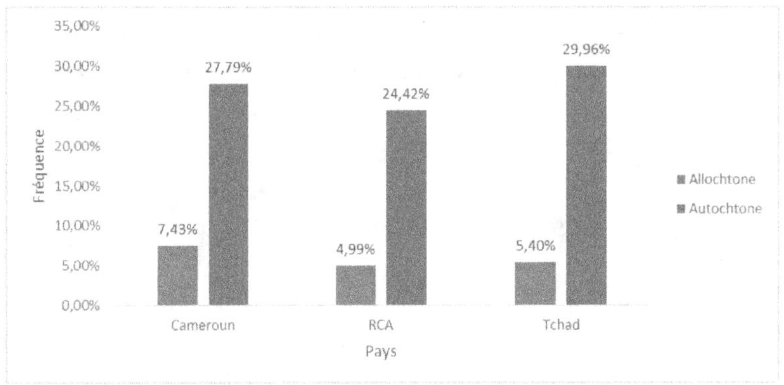

Figure 5: Structure par statut (résident/autochtone/déplacé) et nationalité

L'enquête révèle que les motifs de migration varient considérablement selon les zones couvertes par l'étude. Au Tchad, les principales causes de mobilité sont la transhumance pastorale et la recherche de travail. Au Cameroun, les répondants mentionnent la famille, le travail et les conflits armés comme motifs de leur départ. En Centrafrique, les conflits armés et les questions familiales sont les raisons principales de migration.

Raisons des mouvements migratoires : globalement, le mouvement migratoire est expliqué par plusieurs contraintes liées au nexus climat-sécurité-environnement d'après la figure 6 ci-dessous : d'abord les conflits armés, ensuite la recherche de travail, puis les raisons familiales[4], et enfin la recherche de pâturages. Cette

---

[4]La famille est un moteur essentiel de la migration. La migration familiale est le terme utilisé pour qualifier la migration de personnes qui migrent en raison de liens familiaux récents ou de longue date. C'est est un terme

situation reflète le besoin croissant de la population active de trouver de meilleures conditions de vie dans la région.

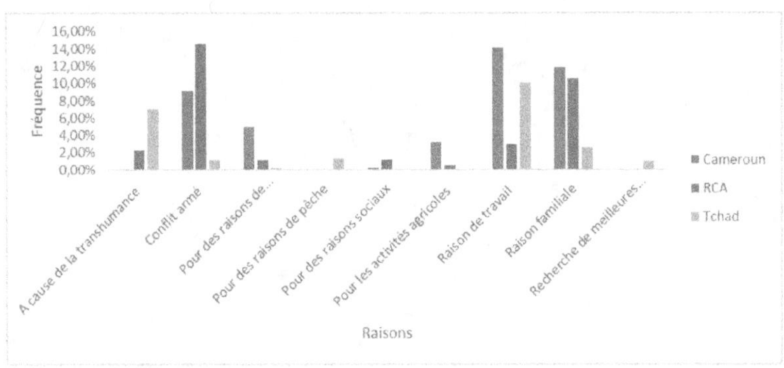

Figure 6 : Structure des déplacés en fonction des raisons de leur déplacement

Occupations et activités principales : les activités principales des communautés sont étroitement liées au nexus climat-sécurité-environnement. L'agriculture est la principale activité pour près de la moitié de la population de cette région (Figure 7). Toutefois, environ 37 % des personnes enquêtées n'ont pas fourni d'informations sur leurs activités principales. Ce chiffre peut dissimuler une part importante de travail domestique non rémunéré, souvent assumé par les femmes, qui jouent également un rôle crucial dans des secteurs essentiels tels que

---

général qui englobe le regroupement familial, la formation d'une famille, les membres de la famille qui accompagnent les travailleurs, et l'adoption internationale. Selon l'OCDE (2020) les données sur la migration familiale dans les pays en développement sont soit rares, soit dispersées, du fait de capacités insuffisantes ou d'un manque de volonté politique aux fins de la collecte des données.

l'agriculture et l'élevage. En outre, les femmes sont impliquées dans la transformation des produits issus des diverses productions. Que ce soit dans l'agriculture, la production alimentaire, l'artisanat ou d'autres domaines, leur expertise et leur travail aident à façonner la vie communautaire de manière significative. La commercialisation des produits de cueillette ou de ramassage représente également une de leurs principales occupations (Hadizatou, 2021; Ngouyamsa et *al.*, 2021).

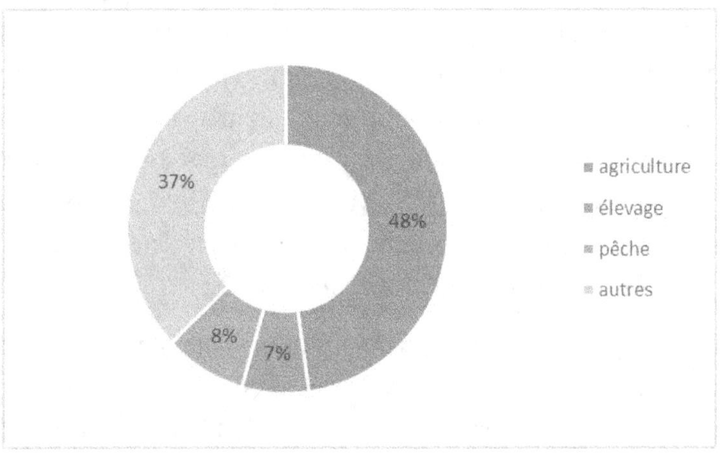

Figure 7: Activités principales des communautés ciblées

Religions des enquêtés : les principales religions pratiquées par les communautés visitées au Cameroun, en République Centrafricaine (RCA) et au Tchad dans le cadre de cette étude sont principalement monothéistes. Les chrétiens représentent 49,35% et les musulmans 48,96%, soit un total de 98% de croyants. Au Cameroun et en RCA, les chrétiens sont plus nombreux, avec

63

respectivement 72% et 86% des répondants. En revanche, au Tchad, les personnes interviewées sont presque exclusivement musulmanes. Les musulmans constituent une minorité au Cameroun et en RCA, alors qu'ils forment une majorité écrasante au Tchad (Figure 8).

La cohabitation entre ces croyances peut parfois être source de conflits (Chelini-Pont, 2013). Les minorités religieuses sont souvent exposées à diverses formes de violence et à l'extrémisme religieux radical (Durkheim, 1900). Les tensions entre communautés chrétiennes et musulmanes peuvent s'aggraver, notamment sous l'influence des leaders politiques qui peuvent manipuler ces conflits pour leurs propres intérêts (Conciliation Resources, 2016 ; TV5 Monde, 2013). Les conflits religieux peuvent également influencer l'accès et le contrôle des ressources environnementales.

Les croyances et pratiques religieuses[5] ne sont pas sans impact sur l'écosystème ; elles peuvent à la fois modifier et préserver l'environnement. Certaines traditions religieuses encouragent la protection de la nature et des animaux, tandis que d'autres peuvent avoir des effets négatifs sur l'environnement (Larrère, 2023;Isacco, 2013). Des chercheurs comme Michel Maxime Egger[6]

5Par exemple, dans le christianisme, la notion de "stewardship" (gestion responsable) encourage les croyants à prendre soin de la Terre comme un acte de foi.
6 Il est sociologue et éco théologien d'enracinement orthodoxe, auteur de plusieurs essais sur l'éco spiritualité et l'éco psychologie

soutiennent que « *l'écologie et la spiritualité forment un tout* », un concept qu'il appelle « *écologie spirituelle*». Cette approche postule que l'écologie et la spiritualité sont indissociables, car l'humanité et la Terre partagent une communauté d'être, de vie et de destin. L'écologie spirituelle explore comment les croyances religieuses peuvent inspirer des actions écologiques positives (Euvé, 2022). Cette perspective peut favoriser des comportements individuels et communautaires respectueux de l'environnement. De plus, dans certaines cultures, les changements dans les cycles de pluie ou les migrations animales sont souvent interprétés à travers des récits ou des croyances traditionnelles.

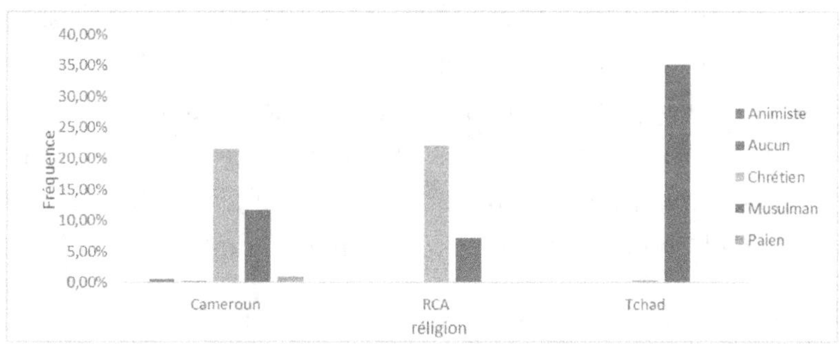

Figure 8 : Répartition des enquêtés en fonction de la religion dans les trois pays

Perceptions des changements climatiques et environnementaux dans les zones d'étude

Degré de préoccupation des communautés par rapport aux changements climatiques : les

changements climatiques représentent une préoccupation majeure pour les populations de la zone étudiée dans le cadre du nexus climat-sécurité-environnement. Près de 49 % des enquêtés se disent très préoccupés par ce phénomène, tandis que 7 % ne manifestent aucune inquiétude par ignorance et croient que les changements climatiques sont le fait de la volonté divine. En Centrafrique, tous les répondants expriment une préoccupation vis-à-vis des changements climatiques. 78 % d'entre eux font état d'une préoccupation élevée. En revanche, le niveau de préoccupation varie considérablement entre les différentes communautés participantes. Au Cameroun, seulement 30 % des répondants expriment une préoccupation élevée, faisant de ce pays le moins préoccupé. Au Tchad, la préoccupation est modérée, se situant autour de 50 % (Figure 9). Ces variations importantes dans la sensibilité des populations expliquent les difficultés à obtenir une perception homogène du changement climatique.

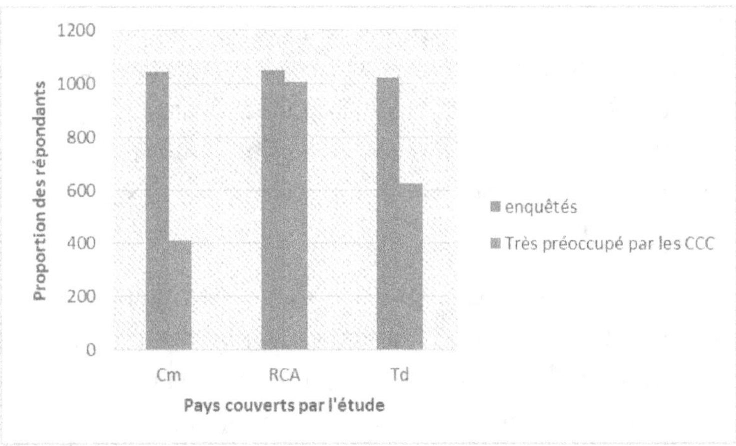

Figure 9 : Niveau de préoccupation des enquêtés vis-à-vis du changement climatique

Il convient de noter que la traduction du concept de changement climatique et de ses effets dans le savoir traditionnel reste complexe. (Berge et *al.*, 2022) ; les savoirs traditionnels sont souvent enracinés dans des contextes culturels et linguistiques spécifiques, ce qui peut rendre difficile l'intégration de concepts scientifiques modernes comme le changement climatique. Les effets du changement climatique se manifestent de différentes manières selon les régions, ce qui nécessite une compréhension locale et nuancée. (FIDA, 2016). De plus, la population de cette étude est relativement jeune, ce qui peut influencer la perception objective et globale des évolutions climatiques. Malgré ces défis, le niveau élevé de préoccupation par rapport aux changements climatiques reflète la dépendance des communautés vis-à-vis du climat et de l'environnement, ainsi que les efforts de communication des divers acteurs (IRAM, 2019). En effet, 75 % des répondants ont indiqué avoir entendu parler des changements climatiques par les médias, les organisations communautaires, les ONG ou les services de l'État.

Observations et perception des changements climatiques : les variations climatiques perçues par les enquêtés reposent sur des observations et des expériences vécues, qui constituent des indicateurs empiriques essentiels pour comprendre le nexus climat-sécurité-environnement.

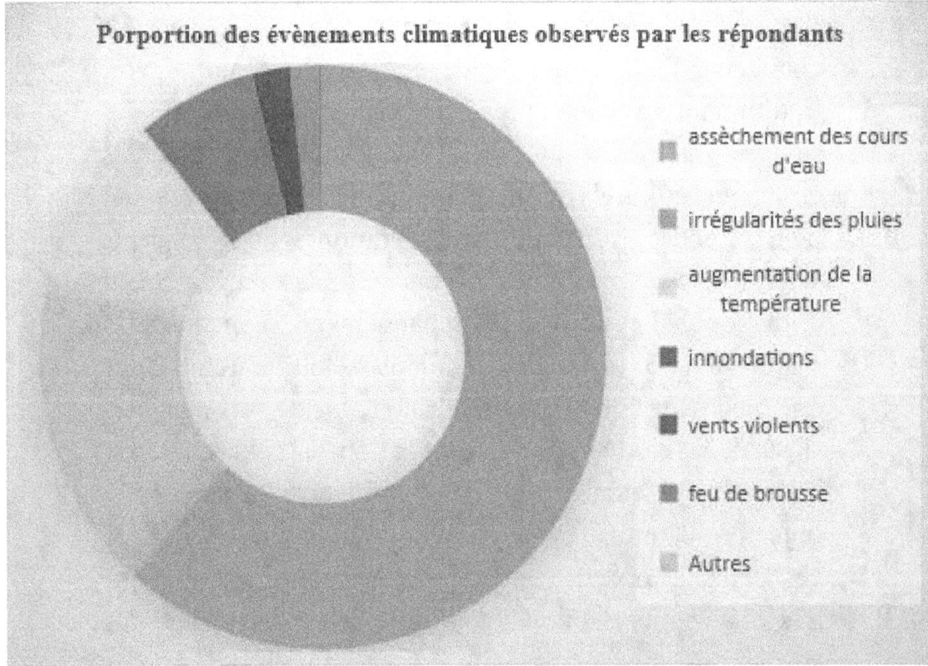

D'après la figure 10 ci-dessus, l'irrégularité pluviométrique est le phénomène le plus fréquemment observé par les personnes interviewées (Chauvin, 2016). La pluie joue un rôle crucial dans la réussite des diverses activités au sein de ces communautés. Les mauvaises répartitions des précipitations ont eu des effets graves et néfastes sur la vie des populations. Les précipitations, qu'elles soient trop abondantes ou insuffisantes, peuvent perturber l'équilibre fragile de l'environnement et des sociétés.

Parmi les 2899 personnes qui ont exprimé leur opinion sur les raisons des mauvais rendements agricoles ces dernières années, 75 % ont affirmé sans hésitation que la rareté des pluies en est la cause principale. Il convient de préciser que, selon 95 % des personnes interrogées sur les objectifs de la production agricole dans leur région, le but principal de cette activité est la consommation familiale.

L'agriculture pluviale dépend directement des précipitations. Une mauvaise pluviométrie entraîne une baisse des rendements agricoles, ce qui a plusieurs conséquences graves : des réserves alimentaires réduites, un risque accru d'insécurité nutritionnelle, et des pertes financières importantes pour les agriculteurs familiaux dont les revenus dépendent principalement des récoltes

69

(Denmat et *al.*, 2022). Ces conditions déstabilisent les moyens de subsistance, entraînant souvent la faim et la maladie.

Face à la baisse de la productivité agricole, certaines familles, ayant perdu toute source de revenus, sont contraintes de migrer vers les zones urbaines en quête de meilleures opportunités économiques, bien que ces opportunités ne soient pas toujours garanties. Ces déplacements, provoqués par les événements météorologiques, sont généralement sources de tensions dans les territoires d'accueil (UNHCR, 2023, Cattiaux et *al.*, 2018). Par ailleurs la baisse de la pluviosité a des conséquences profondes sur les activités pastorales, exacerbant les tensions entre agriculteurs et éleveurs. Lorsque les pâturages s'amenuisent en raison du manque d'eau, les éleveurs se voient contraints de déplacer leurs troupeaux vers des zones cultivées, ce qui entraîne souvent des conflits. Ces affrontements peuvent être alimentés par la compétition pour les ressources limitées, comme l'eau et les terres arables. La situation est aggravée par les changements climatiques, qui rendent les périodes de sécheresse plus fréquentes et plus intenses.

Observations et perception de la disponibilité des ressources naturelles : les ressources naturelles essentielles pour la survie des populations dans les zones couvertes par l'étude incluent l'eau, les sols cultivables, l'air, les forêts qui assurent l'oxygénation de l'atmosphère, ainsi que l'ensemble des végétaux et des animaux. Selon 86 % des personnes interrogées, les stocks de ces ressources naturelles ont diminué dans leur communauté (Figure 11).

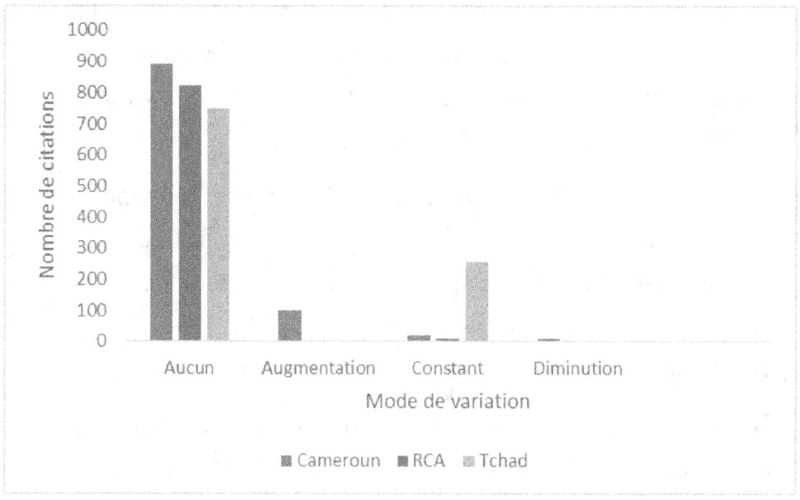

Figure 11 : Perception de la variation des ressources naturelles

Dans le cadre du nexus climat-sécurité-environnement, l'environnement n'est pas une entité extérieure aux communautés, mais plutôt un élément dans lequel elles évoluent. En retour, ces sociétés exploitent et modifient leur environnement. Celui-ci n'est pas neutre ; il génère des controverses, des conflits, mais aussi des coopérations entre les acteurs présents sur les territoires, qui sont au cours de nos préoccupations.

L'amenuisement des produits et sources d'énergie provenant de l'environnement est une réalité vécue et perçue par les populations locales. L'épuisement des ressources naturelles s'explique par une croissance démographique incontrôlée et sans précédent. En plus de l'augmentation naturelle de la population, les nombreuses crises ont compromis les moyens de subsistance des communautés, les rendant dépendantes des ressources telles que la terre, l'eau et la végétation.

La forte demande en matières premières et en énergie exercée sur les services écologiques reçoit des réponses de plus en plus insatisfaisantes. Il est crucial de traiter cette situation pour éviter l'aggravation des tensions qui en résultent.

Bois de chauffe et changement climatique : un indicateur clé de l'épuisement des ressources naturelles est la variation significative de la couverture végétale dans les différentes zones. La régression de l'étendue et de la densité des forêts a été constatée par 83 % des personnes interrogées. L'une des causes évidentes de cette régression est l'utilisation irrationnelle des ressources ligneuses. Pour 82 % des enquêtés, le bois de chauffage constitue la principale source d'énergie utilisée par la population (Figure 12). Ce chiffre reflète des réalités complexes au sein de ces communautés, qui sont majoritairement traditionnelles.

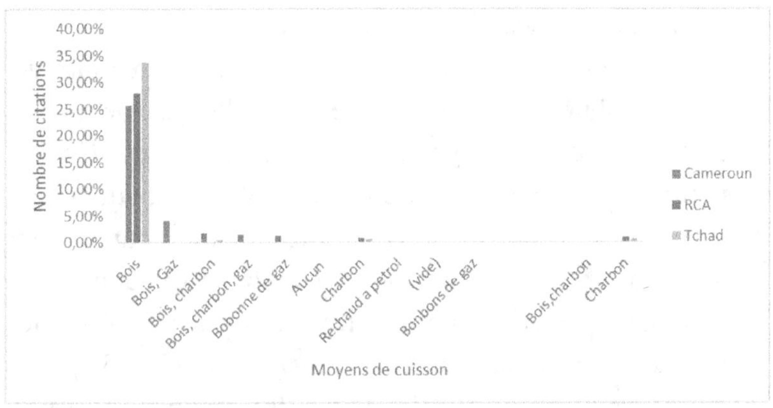

Figure 12 : Moyens de cuisson des aliments rapportés par les enquêtés

L'utilisation du charbon et des fagots pour la cuisson est souvent un héritage culturel auquel les communautés sont réticentes à substituer des alternatives. De plus, les autres options énergétiques sont rarement disponibles en raison de la mauvaise distribution ou du manque de moyens pour accéder à ces services (Belani Masamba et *al*, 2023).

Transhumance et changements environnementaux : l'élevage pratiqué dans la région est de type transhumant, caractérisé par une forte dépendance au pâturage. Parmi les 7 % des personnes ayant déclaré pratiquer l'élevage comme activité principale, 100 % se considèrent comme transhumants, et 73 % d'entre eux admettent ne pas pratiquer la production fourragère. Cette forme d'élevage extensif constitue une pression majeure sur les ressources environnementales de la région.

73

La prédominance des conflits entre éleveurs dans ces sociétés peut être mieux comprise à travers cette pratique. La transhumance, exacerbée par l'épuisement des ressources de pâturage, entraîne des pratiques néfastes pour l'environnement. Certains éleveurs abattent des arbustes et coupent des plantes pour nourrir leur troupeau, mettent le feu à la brousse ou aux champs pour stimuler la régénération des herbes, et s'installent sur les lits des cours d'eau, perturbant ainsi les activités de pêche et de production agricole. Parmi les répondants, 14 % sont conscients de ces pratiques nuisibles (Figure 13).

Terres arables et productions agricoles : dans la région, les terres arables utilisées pour la production de cultures telles que les céréales, les légumes et les fruits sont essentielles pour fournir les aliments de base aux populations (Banque Mondiale, 2012). Cependant, la gestion actuelle des ressources foncières ne favorise ni la préservation de la biodiversité ni la souveraineté alimentaire. Une large majorité des répondants, soit 87 %, constatent une dégradation de la qualité des terres. De plus, 65 % des personnes rencontrées dans les communautés où l'étude sur le nexus climat-sécurité-environnement a été réalisée reconnaissent une surexploitation des terres.

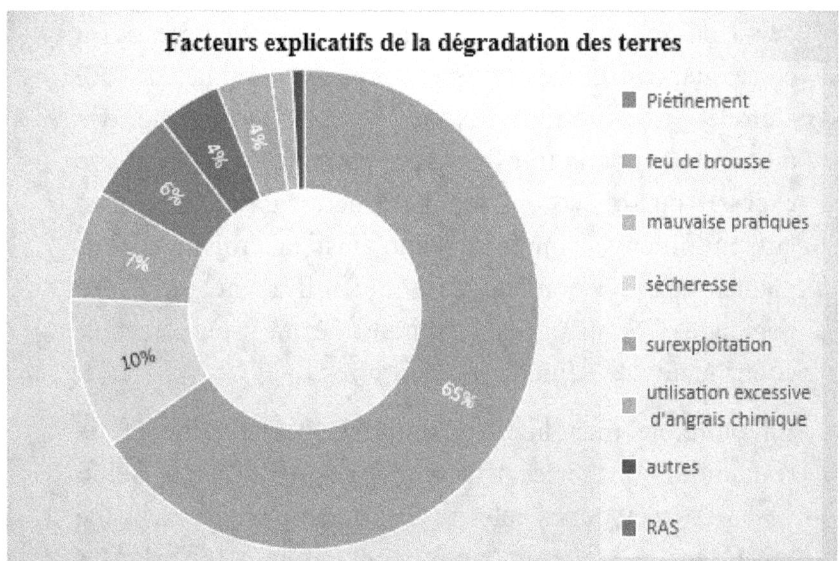

Figure 13 : Facteurs explicatifs de la dégradation des terres

Cette situation est en partie expliquée par la raréfaction de la pratique de la jachère, devenue difficile en raison de la demande exponentielle de terres due à la croissance démographique. Il est également important de noter que l'insécurité dans certaines zones constitue un obstacle majeur à l'exploitation des terres. Certaines régions sont menacées ou contrôlées par des groupes armés ou des mouvements de radicalisation, ce qui limite l'accès et l'utilisation de ces espaces.

Le manque de production fourragère est également une source de pression exercée par l'élevage transhumant sur les terres. Lorsque les troupeaux pâturent trop longtemps sur une même parcelle, ils consomment la végétation au-delà de ce que l'écosystème peut régénérer. En conséquence, la couverture végétale diminue, le sol s'érode et sa fertilité baisse. Le passage répété des animaux lors de la transhumance entraîne un compactage excessif du sol, ce qui réduit sa perméabilité à l'eau et aux nutriments, compromettant ainsi la croissance des plantes. Ce phénomène a été identifié par 6 % des personnes interrogées comme étant un facteur contribuant à la dégradation des terres.

En outre, le manque de culture de préservation et de restauration des terres affecte leur gestion durable. Selon 71 % des personnes interrogées, aucune mesure n'a été prise dans leur communauté pour préserver les sols. Ce constat révèle une absence d'initiatives malgré le fait que 59 % des répondants espèrent une amélioration de la production des terres dans les années à venir. Le manque de culture en matière de préservation et de restauration des terres constitue une raison majeure de la gestion insoutenable de ces ressources. Il existe une insuffisance notable en termes d'accompagnement des communautés dans la gestion durable des terres (Figure 13).

Qualité et accès à l'eau : d'après la figure 14 ci-dessous, dans les communautés visitées, l'utilisation de l'eau est traditionnellement répartie entre l'eau domestique et l'eau agricole, cette dernière étant destinée à l'irrigation des cultures et à l'élevage. Malgré la non-disponibilité des données spécifiques sur la répartition totale de l'eau entre ces usages, il est scientifiquement établi que l'agriculture est la plus grande consommatrice d'eau, représentant la majeure partie des volumes utilisés. Généralement, l'eau prélevée par les collectivités est restituée au milieu naturel sous forme de rejets, parfois pollués, dans les cours d'eau ou les nappes phréatiques. Cela explique pourquoi 69 % des personnes rencontrées affirment que l'eau dans leurs régions peut provoquer des maladies. Cependant, il convient de noter que ces maladies hydriques résultent également d'un accès limité à des sources d'eau potable et d'un manque de respect des règles d'hygiène élémentaires. Les maladies liées à l'eau sont dévastatrices, et les communautés ont souvent des possibilités limitées pour obtenir des soins de qualité.

Il est crucial de reconnaître que l'eau douce est une ressource naturelle rare, vulnérable, convoitée et souvent au cour de tensions. L'accès difficile à l'eau a été souligné par 76 % des personnes interrogées à ce sujet. La pollution, le changement climatique et la surexploitation exacerbent encore cette situation, rendant la gestion durable de l'eau douce essentielle pour l'avenir de ces communautés. Les tensions liées à la gestion de l'eau sont perçues et vécues par 49 % des populations interviewées dans le cadre de cette étude.

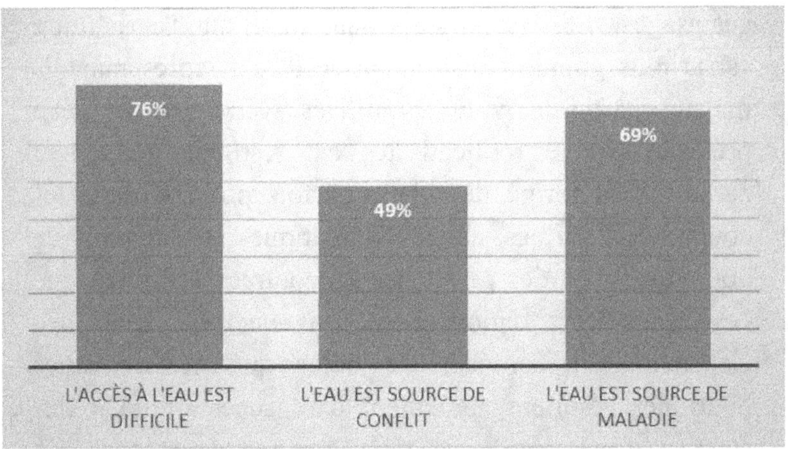

Figure 14 : Opinion des communautés sur la gestion de l'eau

Annonce du Plan

Cette étude est structurée en trois parties principales, chacune explorant une dimension spécifique du Nexus Climat-Sécurité-Environnement dans les contextes du Cameroun, de la RCA et du Tchad.

Première partie

Evolution des paramètres climatiques et du couvert végétal dans les régions ciblées au Cameroun, en Centrafrique et au Tchad

I.1. Caractéristiques climatiques des domaines d'étude

Les caractéristiques climatiques des domaines d'étude pour les trois pays ont été déterminées à partir de l'analyse des données climatiques téléchargées sur le site de la NASA/POWERCERES/MERRA2, en l'absence de données d'observation directe des stations.

À ces données s'ajoutent les informations issues des études antérieures et les perceptions recueillies lors des collectes de données sur le terrain. Les données climatologiques téléchargées comprennent des informations sur la pluviométrie, la température, le vent, etc., pour la période de 1981 à 2022, soit 42 ans. Cette période, couvrant les quatre dernières décennies, est suffisante pour analyser l'évolution du climat dans les sites étudiés.

I.1.1. Sites du Cameroun

Au Cameroun, les localités des Monts Bana-Bangangté-Bangou et de Foumban sont localisées d'un côté sur les chaînes de montagnes et de l'autre dans la plaine inondable du Noun.

- **Pluviométrie à Bangangté et Foumban**

Les stations de Bangangté et de Foumban font partie du domaine de climat guinéen caractérisé par une longue saison de pluies (8 à 10 mois).

Sur la période de 42 ans, la moyenne pluviométrique annuelle est de 2127,0 mm avec un écart-type de 419,3 mm à Bangangté, et de 1997,2 mm avec un écart-type de 492,2 mm à Foumban. La répartition pluviométrique au cours de l'année pour une année pluvieuse favorable et pour une année pluvieuse défavorable est présentée dans la Figure 15.

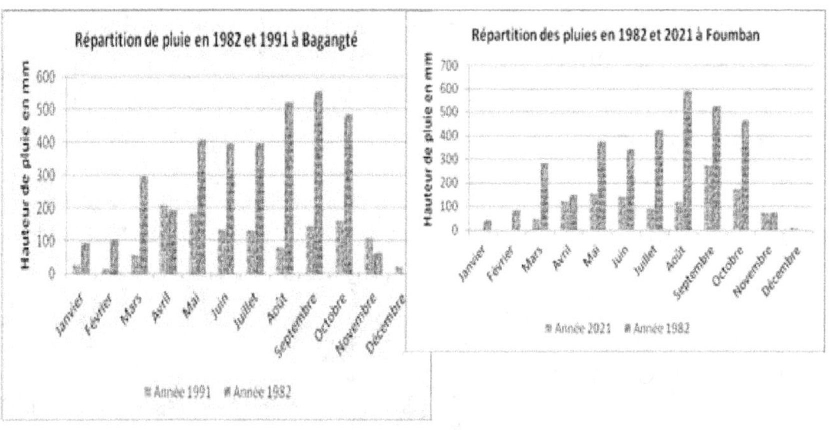

Figure 15 : Répartition des pluies en 1982 et 2021 à Bangangté et à Foumban

À Bangangté comme à Foumban, durant la période de 42 ans (1981 à 2022), l'année la plus pluvieuse est 1982, tandis que l'année de plus faible pluviométrie est 1991 à Bangangté et 2021 à Foumban. Toutefois, dans les deux stations, les précipitations sont enregistrées presque tous les mois, ce qui les place dans le domaine climatique guinéen. Les quantités abondantes de pluie sont généralement observées de mars à octobre. Les années très déficitaires sont caractérisées par des hauteurs de pluie inférieures à celles attendues pendant les mois habituellement pluvieux.

Concernant la variation interannuelle, l'évolution des précipitations suit un modèle en dents de scie dans les deux stations, avec une légère tendance à la baisse, surtout à Bangangté, tandis qu'à Foumban, la tendance est quasiment stable. Cette évolution est marquée par des années très pluvieuses, telles que 1982, 2000, et 2022, ainsi que par des années très déficitaires, comme 1991, 1999, et 2021 (Figure 16).

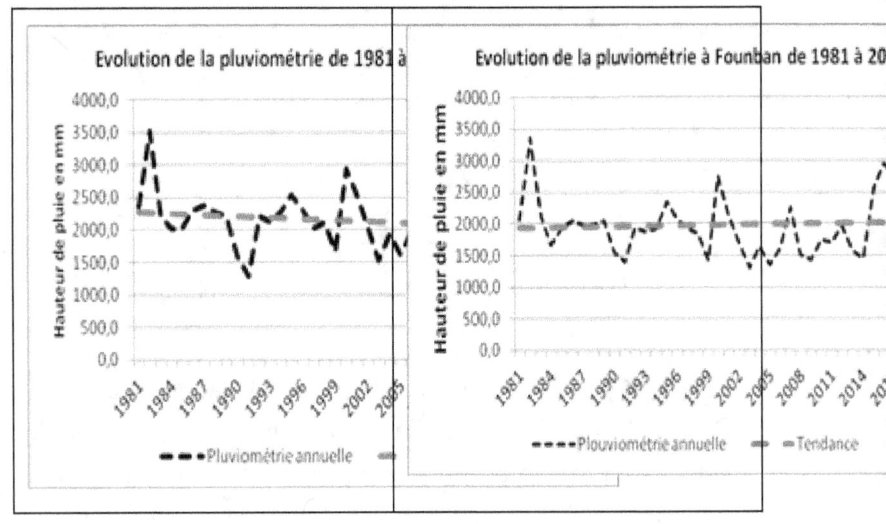

Figure 16 : Evolution interannuelle de la pluviométrie à Bangangté et Foumban

Le Nexus Climat-Sécurité-Environnement en Afrique centrale : *Cas du Cameroun, de la République Centrafricaine et du Tchad – Etude financée par L'OIF, réalisée par le Consortium – CEDPE- 2025*

Une analyse au moyen de l'indice de Nicholson permet de clarifier davantage cette irrégularité interannuelle de la pluviométrie (Figure 17)

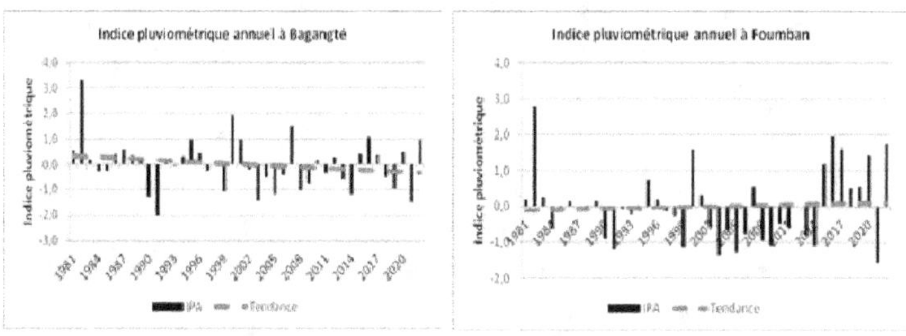

Figure 17 : Indices pluviométriques annuels à Bangangté et Foumban

Les indices pluviométriques annuels viennent confirmer les irrégularités interannuelles de pluviométrie affichant clairement peu d'années excédentaires (1982, 2000, 2016 et 2022) et de nombreuses années déficitaires (1984, 1990, 1991, 1995, 1999, 2004, 2005, 2008, 2014, 2018, 2019, 2021), toujours avec une légère tendance à la baisse à Bangangté. Mais ces variabilités interannuelles de la pluviométrie masquent l'évolution à l'échelle décennale (Figure 18).

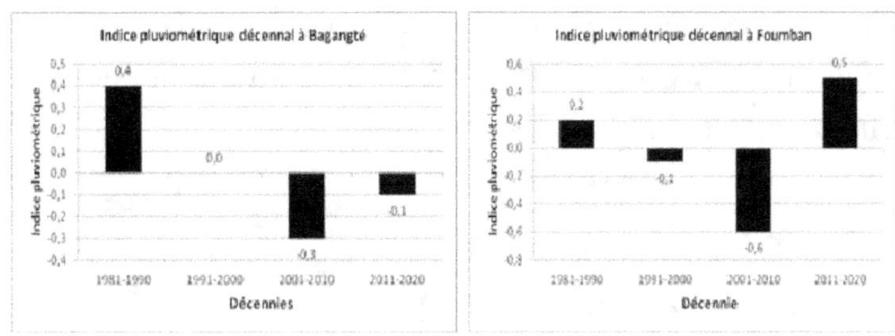

Figure 18 : Indices pluviométriques décennaux à Bangangté et Foumban

A Bangangté comme à Foumban, la décennie 1981-1990 est humide. Mais celle 1991-2000 est normale à Bangangté (0,0) et déficitaire à Foumban (-0,1), suivie d'une décennie déficitaire (2001-2010) dans les deux localités. Enfin la dernière décennie est déficitaire (-0,1) à Bangangté et excédentaire à Foumban. Ces différences observées dans l'évolution pluviométrique dans ces deux localités résideraient dans leurs sites géographiques c'est-à-dire que Bangangté est situé dans une région montagneuse et Foumban dans une plaine.

- **Températures à Bangangté et à Foumban**

Sur la période de 42 ans, les températures moyennes annuelles minimales sont de 13°C à Bangangté et de 12°C à Foumban, tandis que les températures maximales moyennes sont respectivement de 31,1°C et 29,9°C. L'évolution des températures moyennes mensuelles est illustrée dans la Figure 19 ci-dessous.

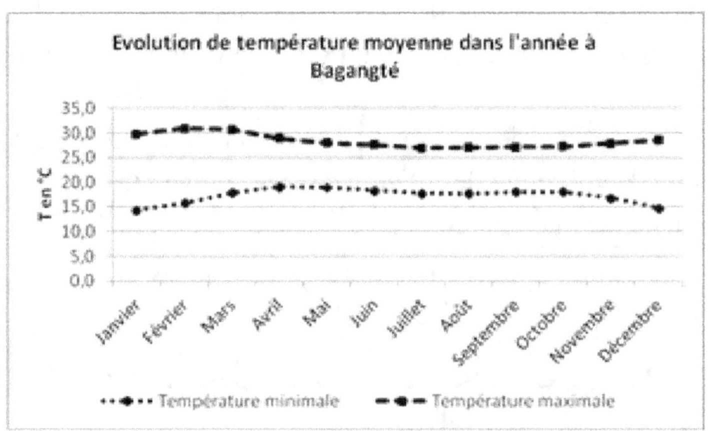

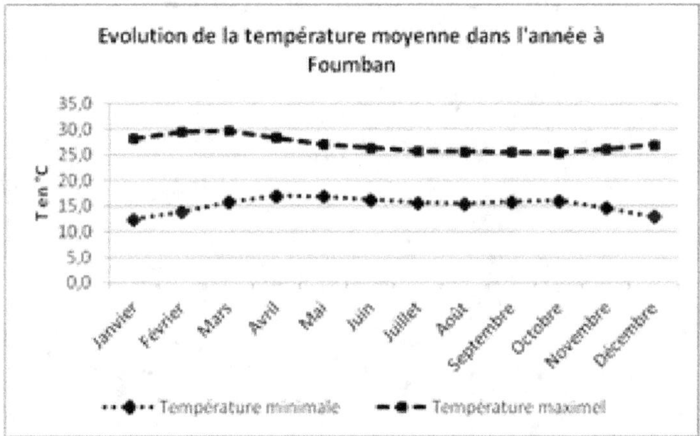

Figure 19 : Evolution de températures moyennes mensuelles minimales et maximales dans l'année à Bangangté et Foumban

On observe une légère augmentation des températures maximales de février à mai, suivie d'une baisse régulière jusqu'en septembre, puis d'une nouvelle hausse en octobre et novembre. Concernant les températures minimales, il y a une augmentation continue de janvier à mai, suivie d'une légère diminution de juin à août, avant une nouvelle baisse jusqu'en décembre.

Pour ce qui est de la variation interannuelle, la Figure 20 illustre l'évolution des températures moyennes annuelles minimales et maximales dans les deux stations étudiées.

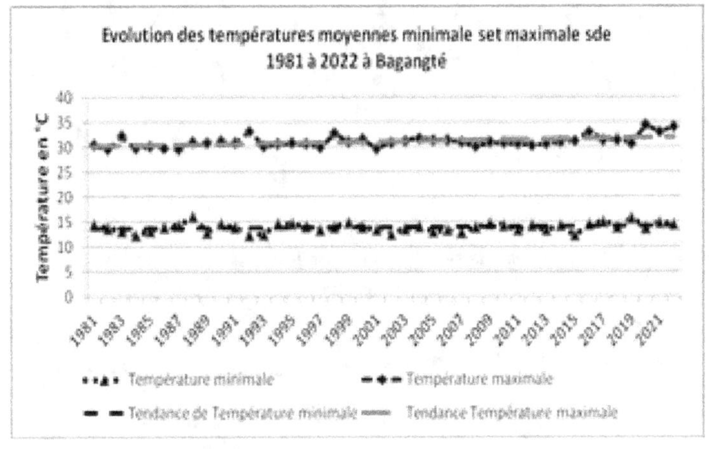

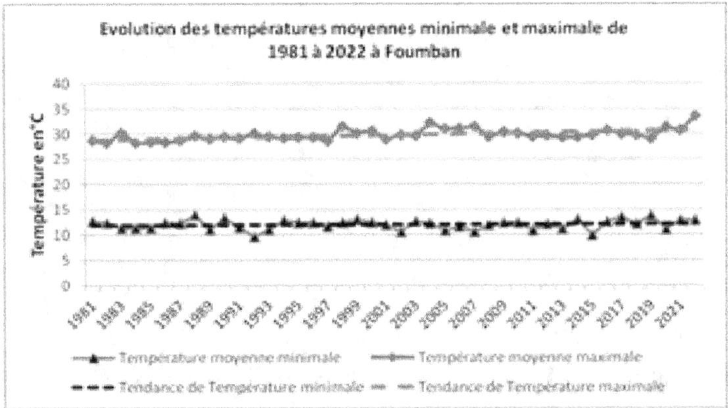

Figure 20 : Evolution des températures moyennes minimales et maximales à Bangangté de Foumban

À Bangangté comme à Foumban, les températures moyennes minimales varient entre 10 et 15°C, tandis que les températures moyennes maximales oscillent entre 30 et 35°C. Cependant, l'évolution des températures moyennes maximales montre une légère augmentation vers la fin de la période, indiquant ainsi une tendance générale à la hausse des températures.

La Figure 21 présente les écarts par rapport à la moyenne, ce qui permet d'apprécier plus précisément l'évolution des températures au fil du temps.

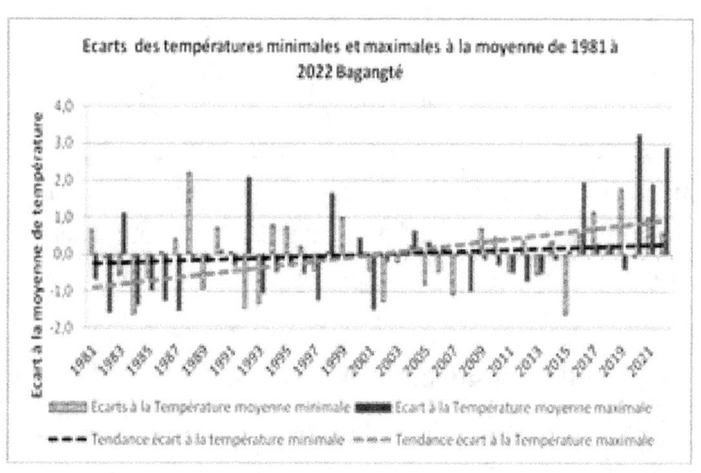

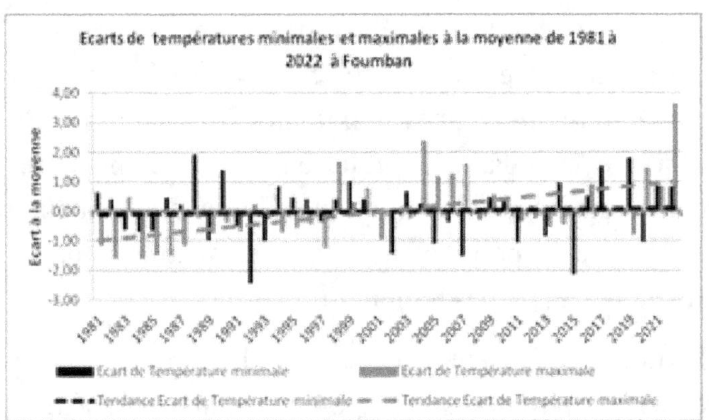

Figure 21 : Evolution des écarts des températures minimales et maximales à leur moyenne à Bangangté et Foumban

La tendance des écarts des températures moyennes maximales par rapport à leur valeur moyenne est à la hausse, tandis que les écarts des températures moyennes minimales restent presque constants. Cela signifie que les températures maximales devraient continuer à augmenter, ce qui explique les vagues de chaleur observées ces dernières années.

- **Vents à Bangangté et Foumban**

Il s'agit d'examiner l'évolution de la vitesse moyenne des vents de 1981 à 2022 et d'analyser la répartition de cette vitesse au cours de l'année pour déterminer le régime moyen des vents à Bangangté et à Foumban. L'évolution de la vitesse des vents est illustrée dans la Figure 22 ci-dessous.

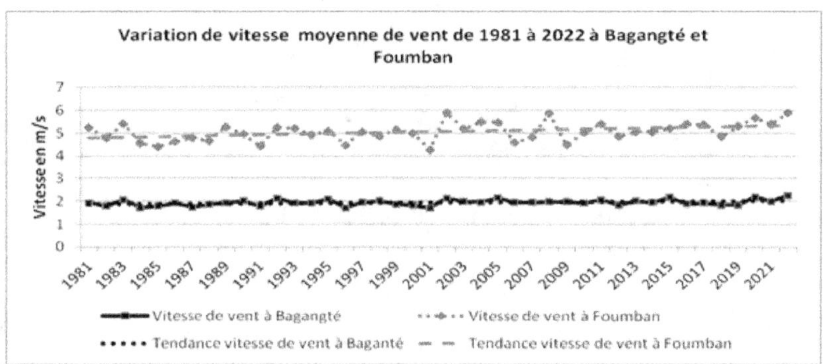

Figure 22 : Variation de la vitesse moyenne de vent à Bangangté et Foumban

A Foumban, localité située dans la plaine, la vitesse de vent est légèrement au-dessus de celle de Bangangté à cause de l'effet de rugosité de la montagne sur les vents dans cette dernière localité. Mais dans les deux localités, la tendance de la vitesse de vent tend à s'élever ces dernières années.

Quant à la répartition de la vitesse moyenne de vent à l'intérieur de l'année, elle est matérialisée par la Figure 23.

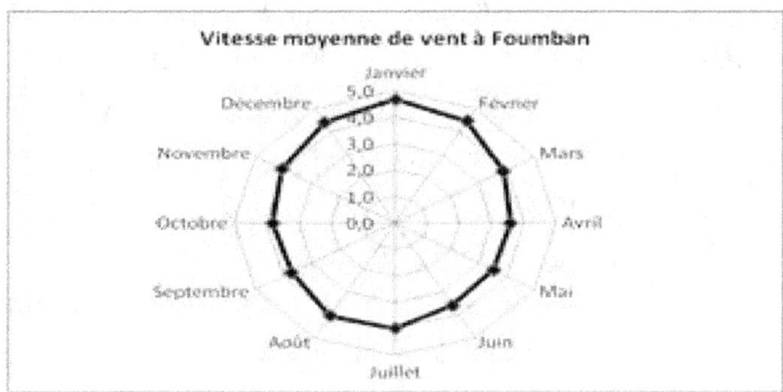

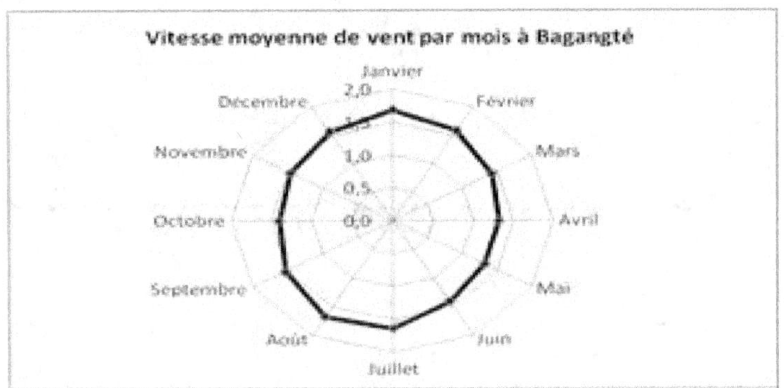

Figure 23 : Vitesse moyenne de vent par mois à Bangangté et Foumban

À Bangangté, le vent souffle avec une vitesse généralement faible, inférieure à 2 m/s, tout au long de l'année. En revanche, à Foumban, on observe deux périodes distinctes : une longue période, de juillet à mars, où la vitesse du vent est égale ou supérieure à 4 m/s, et une période plus courte, de mars à juin, où la vitesse est inférieure à 4 m/s. Dans tous les cas, la vitesse du vent à Foumban est nettement supérieure à celle de Bangangté.

I.1.2. Sites de la République Centrafricaine (RCA)

En République centrafricaine, ce sont les préfectures de l'Ombella-M'poko et de Kémo qui sont retenues pour l'étude. Ces deux localités représentées respectivement par les stations de Sibut-Centre et Sibut-Grimari sont situées dans la zone soudano-guinéenne, caractérisée par un climat spécifique et une végétation diversifiée. Le domaine soudano-guinéen est une zone de transition entre le climat soudanien dont la pluviométrie moyenne annuelle est comprise entre 1 200 et 1 500 mm avec une saison sèche de 5 mois, et le climat guinéen caractérisé par une pluviométrie moyenne annuelle comprise entre 1 500 et 1 900 mm et une saison sèche de 2 à 4 mois. La température moyenne mensuelle varie de 24°C à 31°C dans cette zone.

- **Pluviométrie à Sibut-Centre et Grimari**

Sur la période de 40 années consacrée à l'analyse du climat, la moyenne pluviométrique annuelle est de 1377,2 mm avec un écart type de 270,3 mm à Sibut-Centre et 1454,2 mm avec un écart type de 282,9 mm à Sibut-Grimari.

La répartition pluviométrique dans l'année pour une année excédentaire (1981) dans les deux stations et une année très déficitaire (2001 à Sibut-Centre et 2006 à Sibut-Grimari) se présente dans la figure 24 suivante.

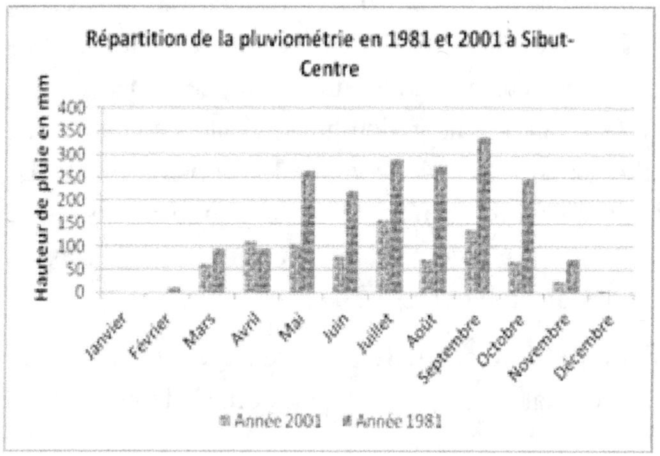

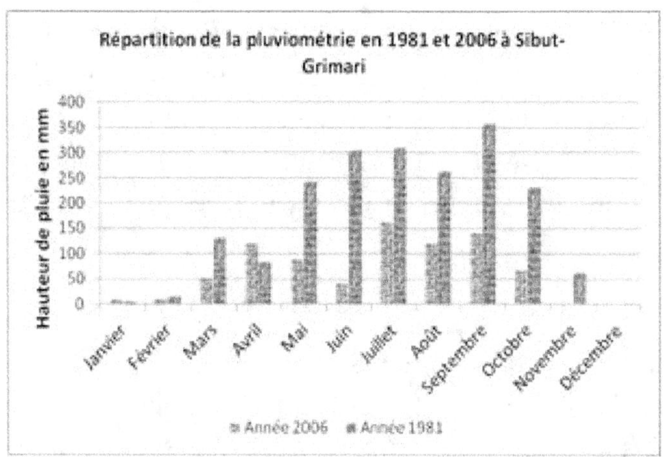

Figure 24 : Répartition des pluies en 1981 et 2021 à Sibut-Centre et 1981 et 2006et à Sibut-Centre

Les stations de Sibut-Centre et Sibut ont connu une forte pluviométrie en 1981. Mais les années de sécheresse critiques sont observées respectivement en 2001 en 2006. Les pluies commencent à être enregistrées dès le mois de janvier à Sibut-Grimari et celui de février à Sibut-Centre. Elles s'achèvent en octobre dans les deux stations. Mais les véritables saisons de pluies s'étendent de mars à octobre (8 mois de saison de pluies) et la saison sèche de novembre à février (4 mois de saisons sèches). La principale cause de différence de la pluviométrie réside dans le volume pluviométrique mensuel et non dans la durée de la saison pluvieuse.

L'évolution interannuelle présente une grande irrégularité, marquée par des années allant de normales à excédentaires, ainsi que par des années déficitaires (Figure 25).

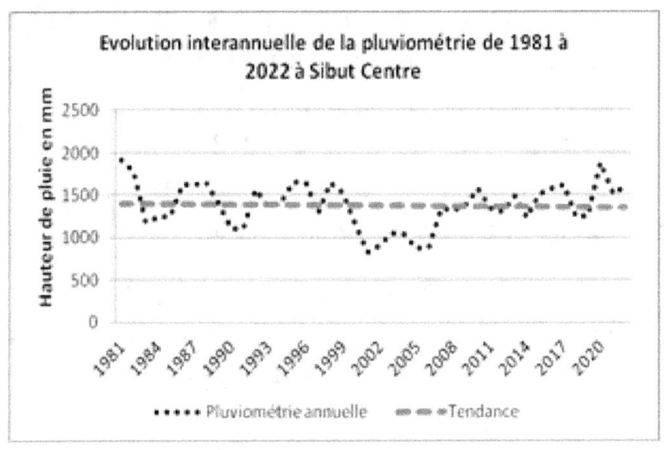

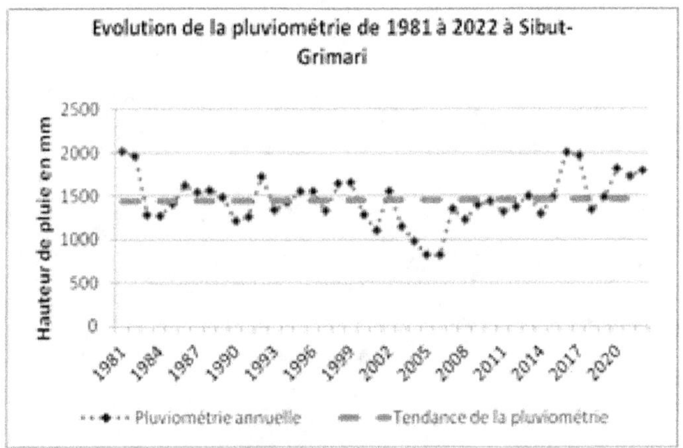

Figure 25 : Evolution interannuelle de la pluviométrie à Sibut-Centre et Sibut-Gramari

La pluviométrie évolue de manière erratique, avec des années de fortes pluies et d'autres plus sèches. Sur les 42 années, on dénombre 18 années déficitaires à Sibut-

Centre et 17 à Grimari. A Sibut-Centre, les années de fortes pluviométries sont 1981 et 2020 tandis qu'à Grimari, les périodes de fortes pluies sont 1981-1982 et 2016-2017. Les mauvaises années pluviométriques sont très récurrentes dans les deux stations, mais les années de déficit chronique vont de 2000 à 2018 à Sibut-Centre comme à Grimari. La tendance pluviométrique est presque stationnaire dans les deux localités.

L'analyse des indices pluviométriques, calculés suivant la formule de Nicholson aidera à mieux cerner cette irrégularité pluviométrique. Les indices pluviométriques annuels (IPA) sont présentés figure 26.

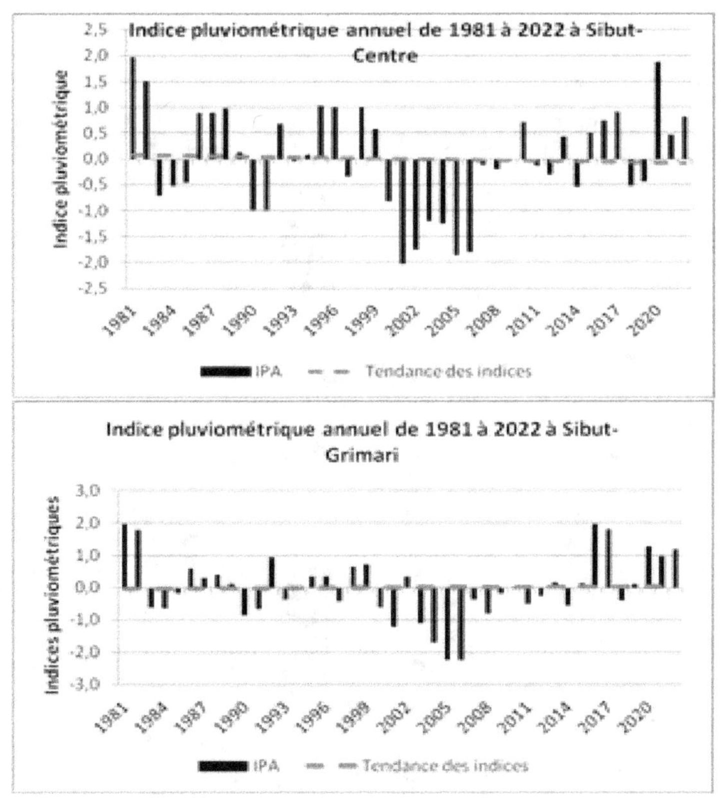

Figure 26 : Indices pluviométriques annuels à Sibut-Centre et Sibut-Grimari

Les indices pluviométriques affichent clairement les années sèches qui apparaissent entre 1999 et 2017. Leur tendance est similaire à celle de la variabilité interannuelle confirmant la quasi-stationnarité de la pluviométrie dans cette zone centrafricaine.

Les indices pluviométriques à l'échelle décennale (IPD) sont matérialisés dans la figure 27 suivante.

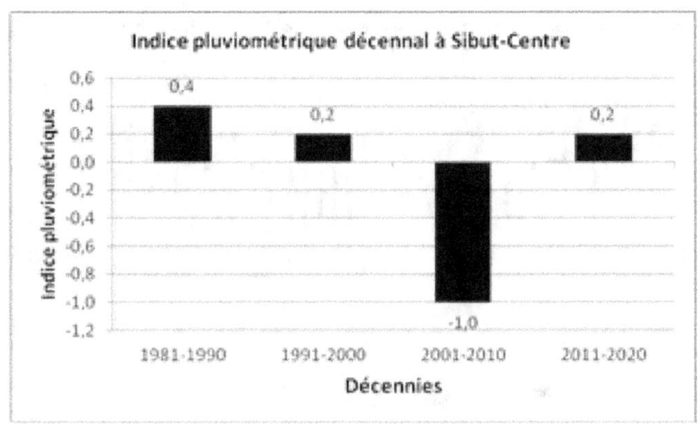

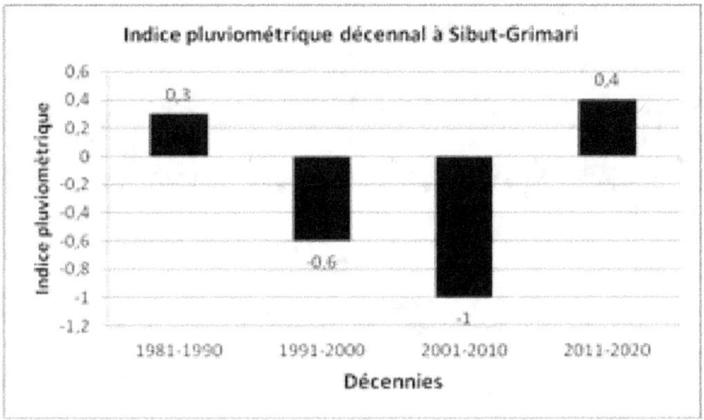

Figure 27: Indices pluviométriques décennaux à Sibut-Centre et Sibut Grimari.

A Sibut-Centre, seule la décennie 2001-2010 est déficitaire tandis qu'à Grimari, deux décennies sèches s'intercalent entre deux décennies humides. Heureusement, on a observé amélioration de la pluviométrie après deux décennies déficitaires, évitant une situation catastrophique.

- **Températures à Sibut-Centre et Grimari**

Le Nexus Climat-Sécurité-Environnement en Afrique centrale : *Cas du Cameroun, de la République Centrafricaine et du Tchad – Etude financée par L'OIF, réalisée par le Consortium – CEDPE- 2025*

Les températures moyennes annuelles minimales et maximales sont respectivement de 14,7°C et 38,7°C à Sibut-Centre et 15,04°C et 37,6°C à Sibut-Grimari (Figure 28).

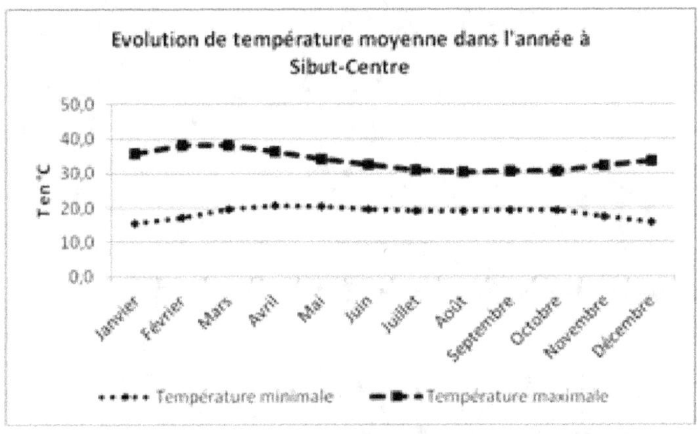

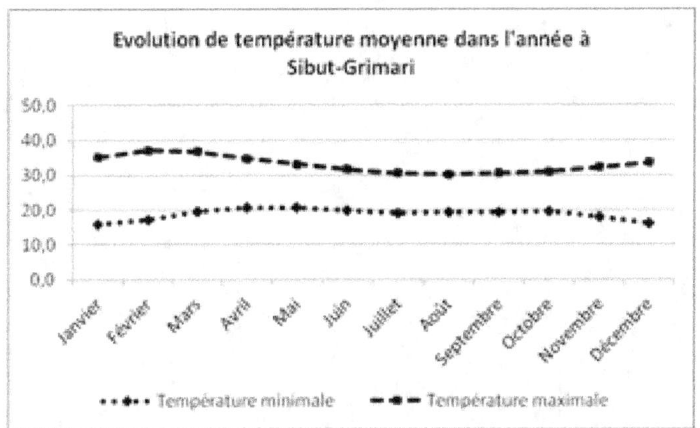

Figure 28 : Indices pluviométriques décennaux à Sibut-Centre et Sibut Grimari.

Les températures moyennes minimales tournent autour de 20°C et les maximales entre 30 et 40°C. Il fait chaud dans ces deux stations de février à avril, puis les températures baissent d'avril à octobre, certainement à cause de la pluviosité, puis les moyennes maximales reprennent une allure ascendante jusqu'en décembre.

La variation dans le temps est matérialisée par la figure 29.

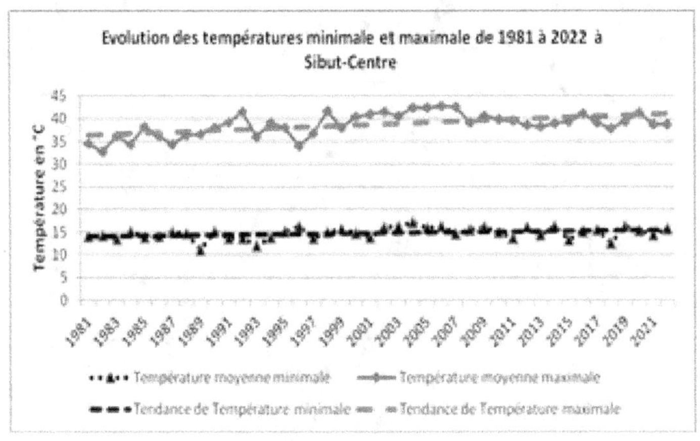

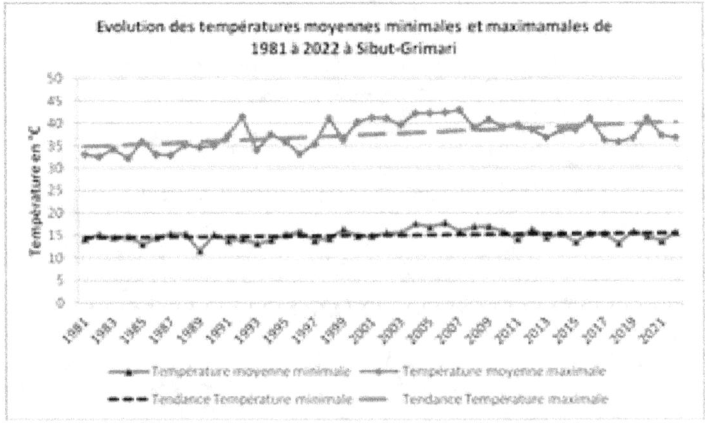

Figure 29 : Evolution des températures moyennes minimales et maximales à Sibut-Centre et Sibut-Grimari

Le Nexus Climat-Sécurité-Environnement en Afrique centrale : *Cas du Cameroun, de la République Centrafricaine et du Tchad – Etude financée par L'OIF, réalisée par le Consortium – CEDPE- 2025*

La température moyenne minimale tourne autour de 15°C et celle maximale oscille autour de 40°C sans frôler les 45°C. Si la tendance de l'évolution de la température minimale est peu perceptible, celle de la température maximale est en hausse depuis le début de la période des observations.

L'analyse des écarts de températures à la moyenne, aiderait à mieux saisir le train de l'évolution de ces températures (Figure 30).

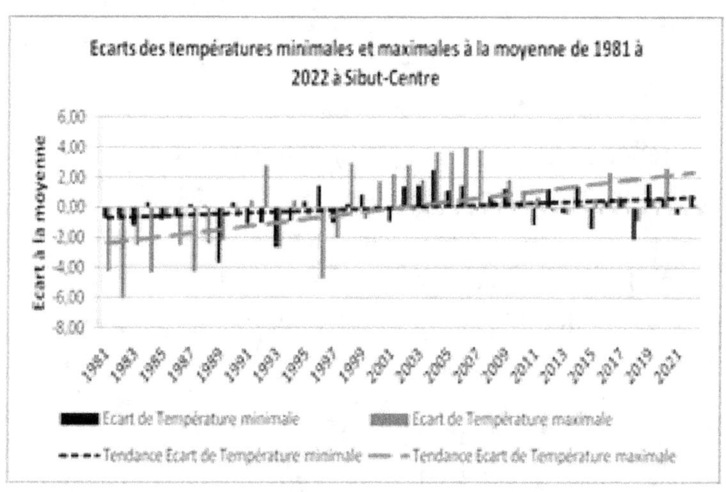

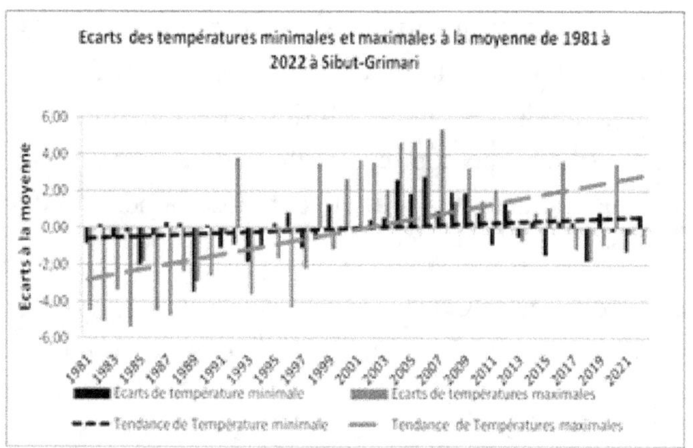

Figure 30 : Ecarts des températures minimales et maximales à leur moyenne à Sibut-Centre et Sibut-Grimari.

Les tendances des écarts des températures moyennes maximales sont à la hausse, surtout à Sibut-Grimari, alors que celles des écarts des températures moyennes minimales ne le sont que légèrement (Figure 30). Ce qui atteste des manifestations de canicules de plus en plus récurrentes dans l'avenir.

- **Vents à Sibut-Centre et Grimari**

Il s'agit de suivre l'évolution interannuelle de la vitesse moyenne des vents de 1981 à 2022 et la répartition de la vitesse moyenne des vents à l'intérieur de l'année afin de déterminer le régime moyen des vents. L'évolution interannuelle de la vitesse est présentée dans la figure 31.

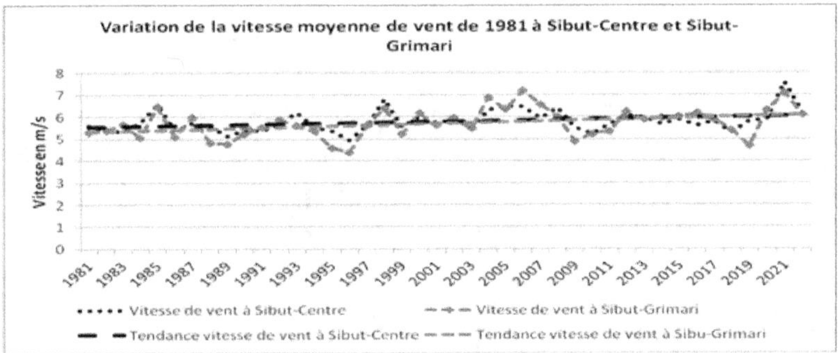

Figure 31 : Variation interannuelle de la vitesse moyenne des vents à Sibut-Centre et Sibut-Grimari

Dans les deux stations, la vitesse moyenne du vent a une allure similaire, oscillant entre 5 et 6 m/s. Cependant, certaines années rares présentent des vitesses très faibles comme en 1996, 2009 et 2019, ou très élevées, comme en 2006 et 2021.

A Sibut-Centre comme à Sibut-Grimari, le régime des vents est régulier avec une vitesse moyenne qui varie entre 4 et 5 m/s. Mais on note une légère différence en ce sens qu'on distingue une période de constance de vitesse de 5 m/s qui va de décembre à mars à Sibut-Grimari et de décembre à avril à Sibut-Grimari. Pour le reste de l'année dans les deux stations, la vitesse de vent est inférieure à 5 m/s (Figure 32).

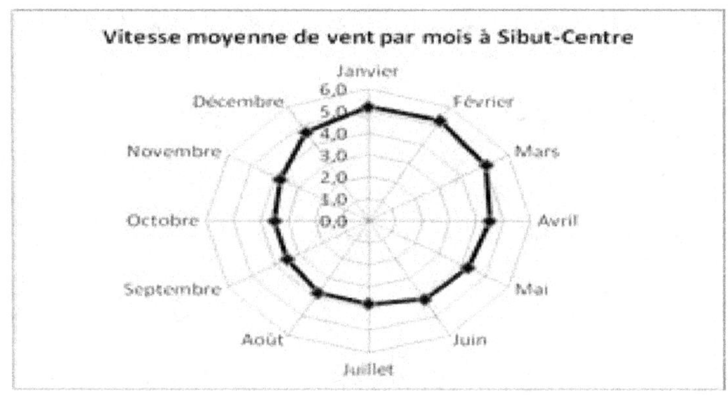

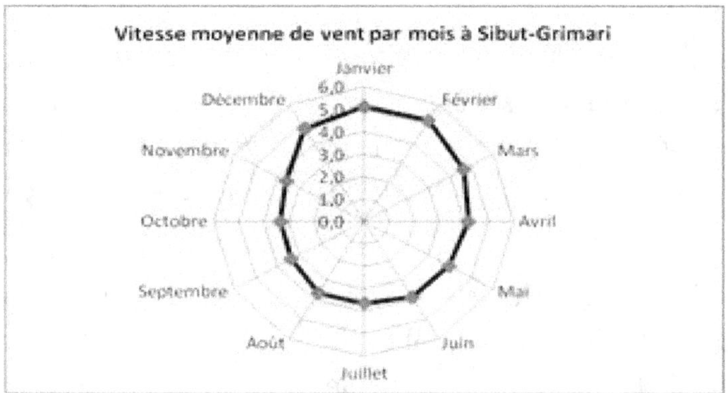

Figure 32 : Vitesse moyenne de vent par mois à Sibut-Centre et Sibut-Grimari

I.1.3. Sites du Tchad

Géographiquement, les provinces du Batha et du Guéra sont situées au centre du pays et appartiennent au domaine du climat sahélien. Les caractéristiques climatiques de ce domaine sont : une courte saison de pluie (4 à 5 mois) avec une pluviométrie moyenne annuelle de l'ordre de 500 mm par an, ainsi que des températures élevées avec une moyenne annuelle de 35°C.

- **Pluviométrie au Batha et au Guéra**

L'analyse des données pluviométriques sur la période 1981 à 2022, soit 42 ans montre des irrégularités pluviométriques tant au Batha qu'au Guéra. Sur cette période, la moyenne pluviométrique annuelle est 499,4 mm avec un écart type de 189,4 mm au Batha tandis qu'au Guéra. La moyenne est de 633,8 mm et l'écart type de 204 mm.

La répartition pluviométrique dans l'année pour une bonne et une mauvaise année se présente comme suit (Figure 33).

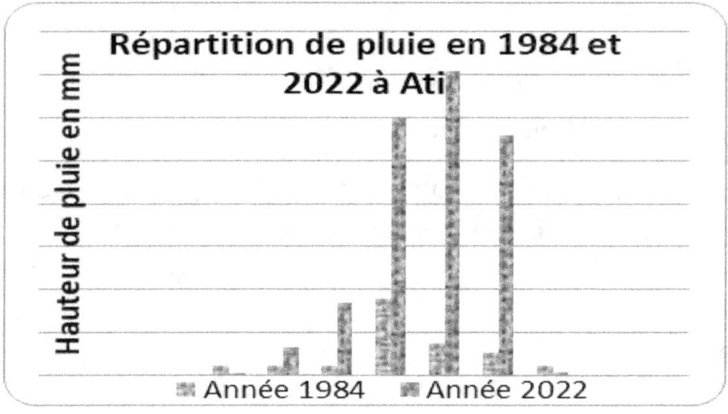

Le Nexus Climat-Sécurité-Environnement en Afrique centrale : *Cas du Cameroun, de la République Centrafricaine et du Tchad – Etude financée par L'OIF, réalisée par le Consortium – CEDPE- 2025*

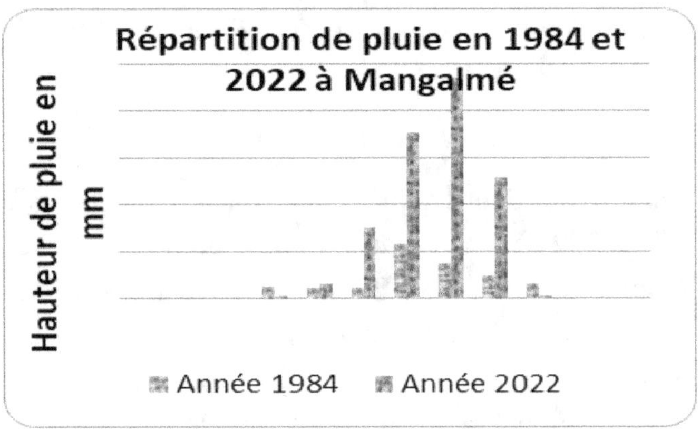

Figure 33 : Répartition des pluies en 1984 et 2022 à Ati et Mangalmé

A Ati comme à Mangalmé, l'année 1984, a été une mauvaise année pluvieuse et l'année 2022 une année excédentaire. En 1984, les pluies sont tombées d'avril à octobre (7 mois) et en 2022 de mai à septembre (5 mois). Mais, ce sont les fortes quantités de pluies concentrées de juillet à septembre qui ont manqué en 1984 et ont fait de cette année la plus sèche.

Pour ce qui est de l'évolution dans le temps, on note une très grande irrégularité interannuelle (Figure 34)

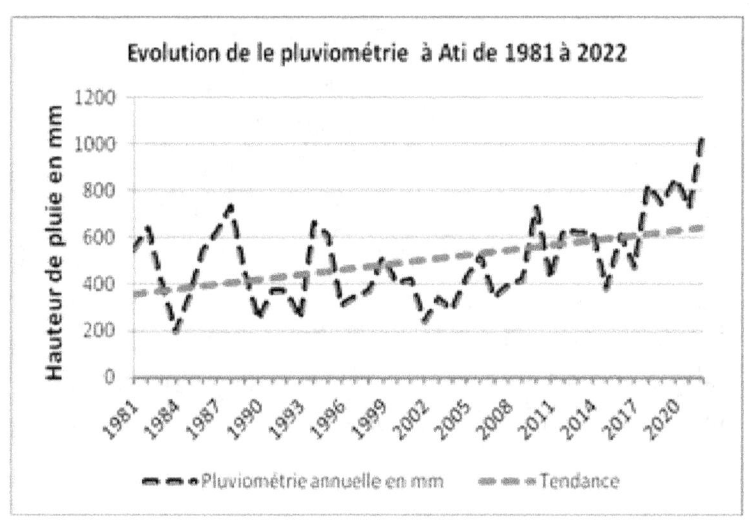

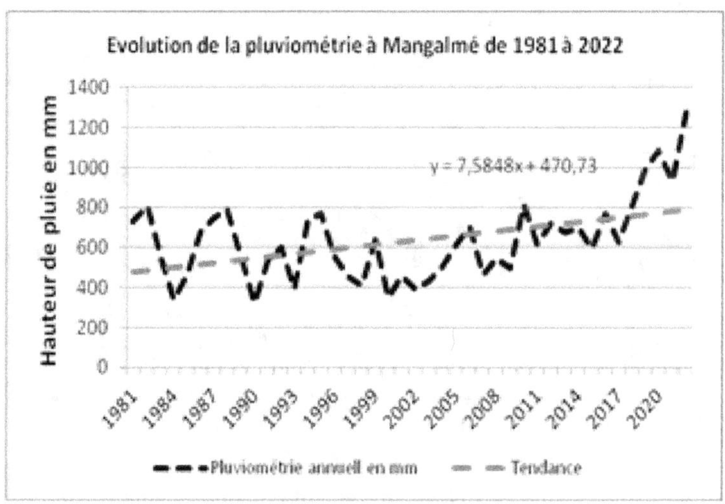

Figure 34 : Evolution interannuelle de la pluviométrie à Ati et Mangalmé

En examinant de plus près la Figure 34, on observe que la pluviométrie évolue de manière fluctuante, avec des périodes alternantes entre années normales, excédentaires et déficitaires. Sur les 42 années d'observation, les années déficitaires sont les plus nombreuses, avec 22 à Mangalmé et 23 à Ati, comparativement aux années normales, qui sont au nombre de 20 à Mangalmé et 19 à Ati. Les années normales sont principalement concentrées dans la dernière décennie, ce qui explique la légère tendance à la hausse de la pluviométrie.

Pour mettre en évidence la variabilité pluviométrique, les indices de pluviométrie à l'échelle annuelle et décennale ont été calculés et sont présentés dans la Figure 35 suivante.

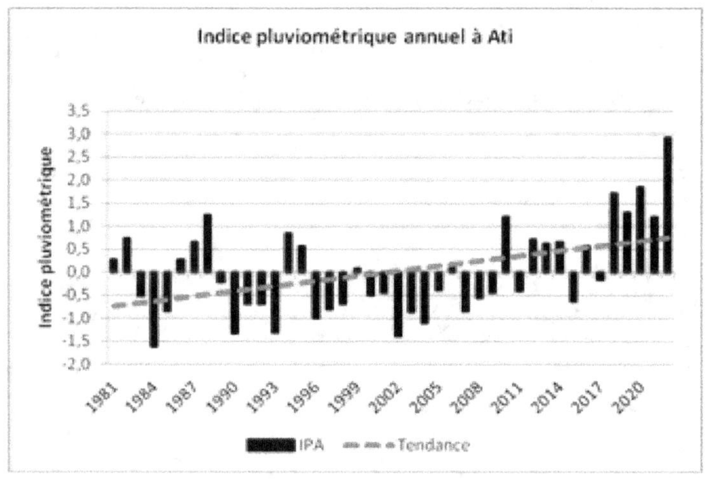

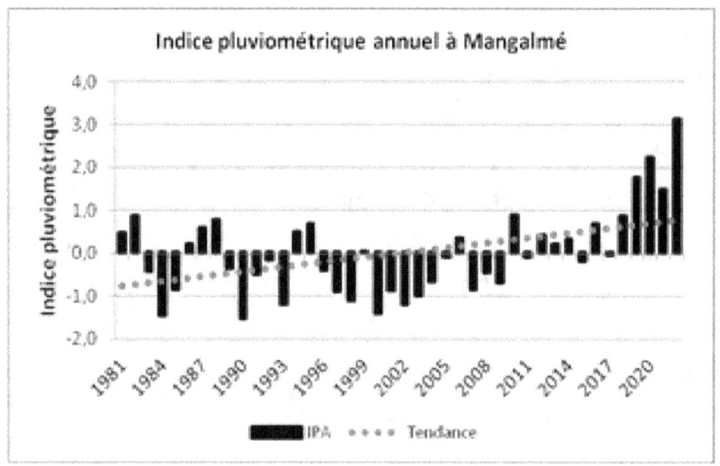

Figure 35 : Indices pluviométriques annuels à Ati et Mangalmé

La figure 35 révèle des années exceptionnellement sèches à Ati et à Mangalmé, notamment les années 1984, 1990, 1993, 2000, 2002 et 2004. En revanche, les années particulièrement humides sont 2010, 2012, 2020 et 2022. Sur la période de 42 ans couverte, les extrêmes pluviométriques sont représentés par l'année 1984, qui a connu la plus faible pluviométrie, et l'année 2022, avec la pluviométrie la plus élevée. La tendance générale des indices pluviométriques est à la hausse, ce qui pourrait augurer des conditions climatiques plus favorables à l'avenir. Cependant, cette tendance pourrait également entraîner des inondations.

La sécheresse sévère de 1984 a provoqué une famine généralisée, entraînant une migration importante vers des zones plus propices. De manière similaire, les inondations catastrophiques de 2022, dues à des pluies abondantes, ont eu des conséquences désastreuses pour les populations locales : effondrement de maisons, noyade de bétail, destruction des cultures, etc. Ces événements ont conduit à une insécurité alimentaire et sanitaire croissante, parfois exacerbée par des conflits locaux. Les résultats de l'indice pluviométrique à l'échelle décennale sont présentés dans la figure suivante (Figure 36)

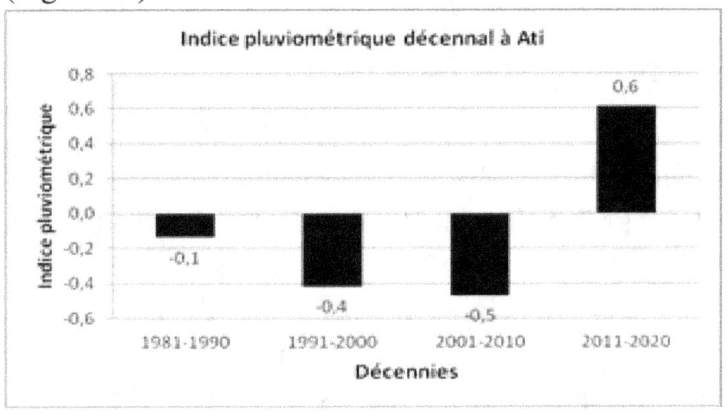

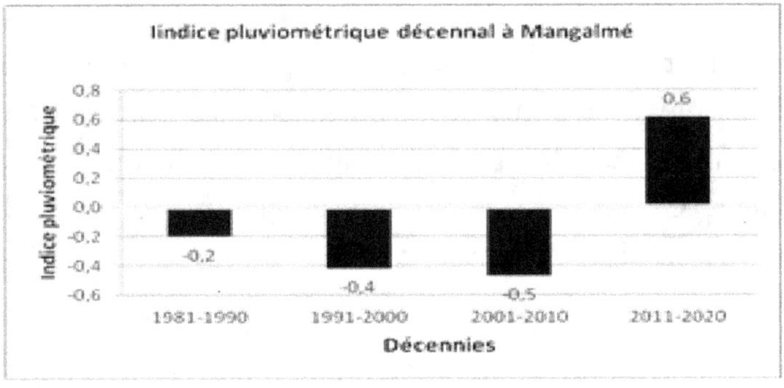

Figure 36 : Indices pluviométriques à l'échelle décennale à Ati et Mangalmé

À Ati comme à Mangalmé, parmi les quatre décennies étudiées (1981-1990, 1991-2000, 2001-2010 et 2011-2020), les trois premières décennies se caractérisent par des conditions sèches. En particulier, la décennie 2001-2010 a été extrêmement sèche, avec un Indice de Pluviométrie Décennal (IPD) de -0,5. En revanche, la dernière décennie (2011-2020) se distingue par des conditions très humides, avec un IPD de 0,4 à 0,5.

4 à 0,5.

Une période prolongée de sécheresse comme celle-ci expose inévitablement la population à divers risques, tels que l'insécurité alimentaire, la migration forcée, et des conflits pour l'accès aux ressources.

- **Températures à Ati et Mangalmé au Tchad**

Les températures moyennes minimales et maximales, calculées sur 42 ans sont respectivement de 10,7°C et 44,9°C à Ati et 12,7°C et 44,3°C à Mangalmé. L'évolution à l'intérieur permet de connaitre le régime thermique (Figure 37).

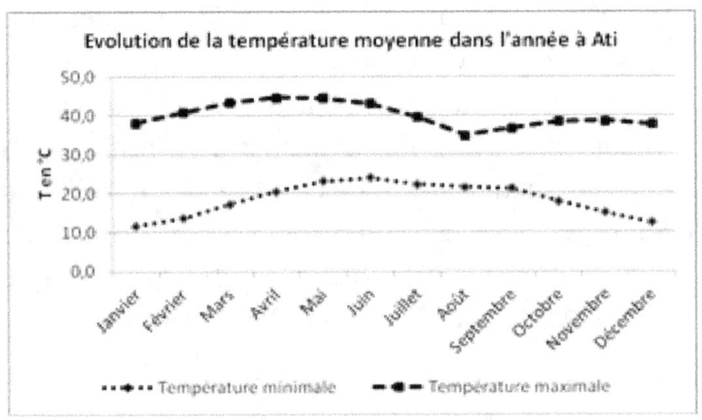

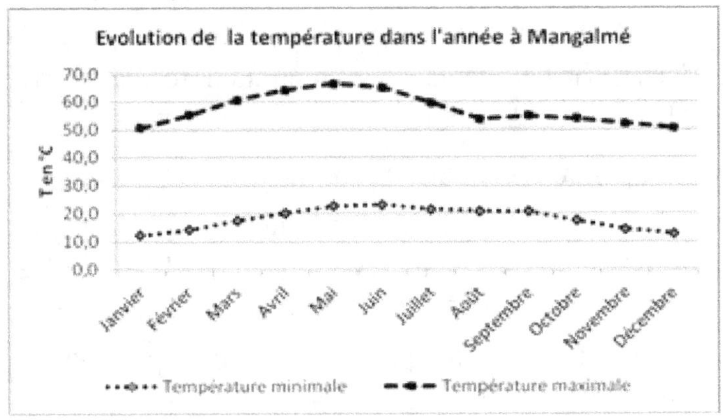

Figure 37 : Evolution de températures moyennes minimale et maximale dans l'année à Ati et Mangalmé

L'évolution annuelle de la température révèle une période de forte chaleur de mars à mai, suivie d'une baisse de température de juin à août en raison de l'effet de la pluviosité. Ensuite, la température connaît une légère hausse de septembre à octobre avant de redescendre de novembre à février en raison de l'arrivée de l'hiver.

Concernant la variation interannuelle des températures, elle est globalement stable, avec une légère tendance à la hausse observée dans les deux stations du Tchad (Figure 37).

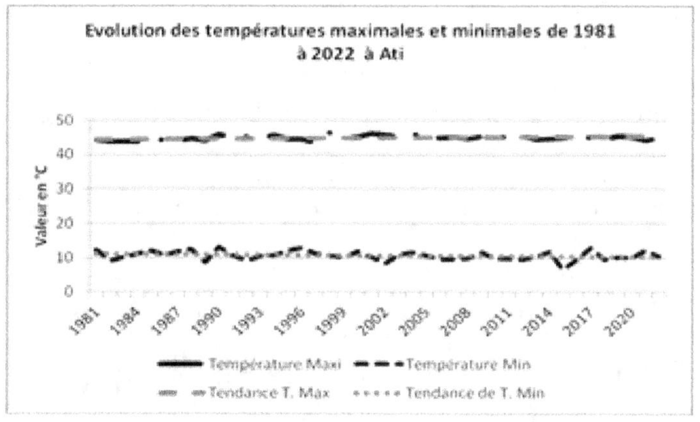

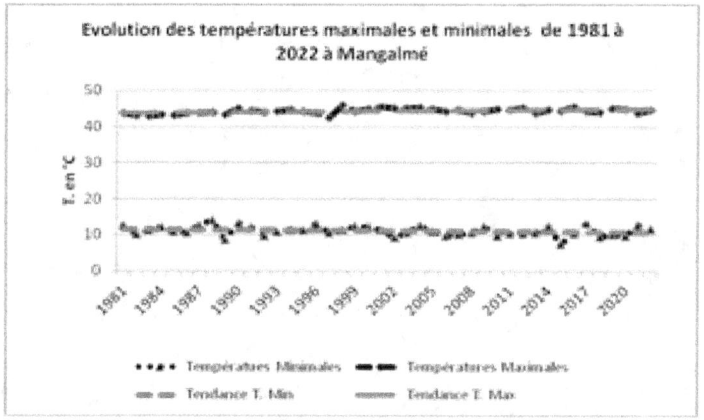

Figure 38 : Evolution des températures moyennes maximales et minimales à Ati et Mangalmé

Comme on peut le constater, la température minimale moyenne est d'environ 10°C, tandis que la température maximale moyenne varie entre 40°C et 50°C, avec une légère tendance à la hausse pour les températures maximales.

Pour mieux comprendre ces variations, il est utile d'examiner les écarts par rapport à la moyenne (Figure 39).

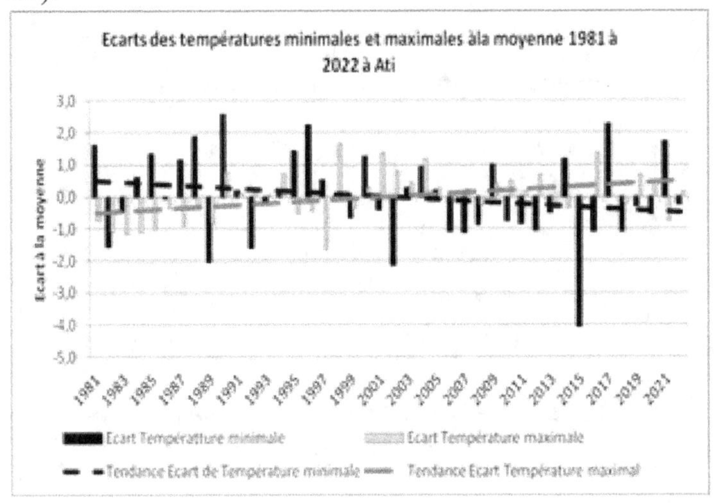

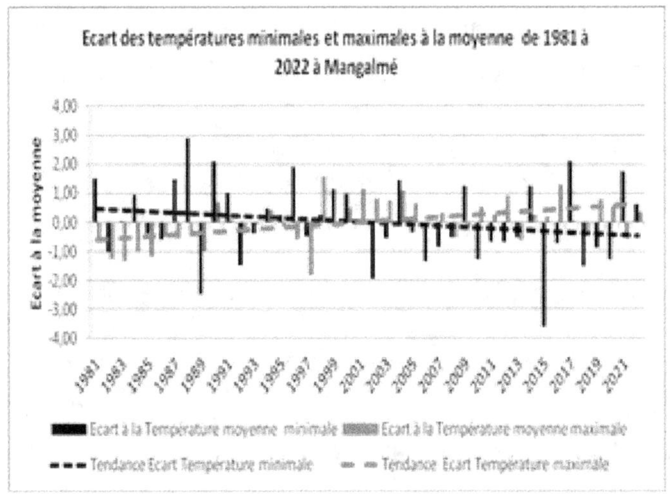

Figure 39 : Ecarts des températures minimales et maximales à la moyenne à Ati et Mangalmé

Contrairement à la tendance observée pour les valeurs moyennes, les écarts des températures maximales montrent une légère tendance à la hausse, tandis que les écarts des températures minimales tendent légèrement à la baisse. Cela suggère qu'à l'avenir, les températures maximales pourraient continuer à augmenter, tandis que les températures minimales pourraient diminuer de manière plus modérée. En conséquence, cela indique une tendance à l'augmentation des températures maximales, ce qui pourrait se traduire par des vagues de chaleur plus fréquentes à l'avenir.

- **Vents au Batha et Mangalmé au Tchad**

La vitesse moyenne des vents à Ati et à Mangalmé a évolué de manière fluctuante au cours des 42 années, présentant des variations similaires à celles des précipitations, avec une tendance globalement stable (Figure 40).

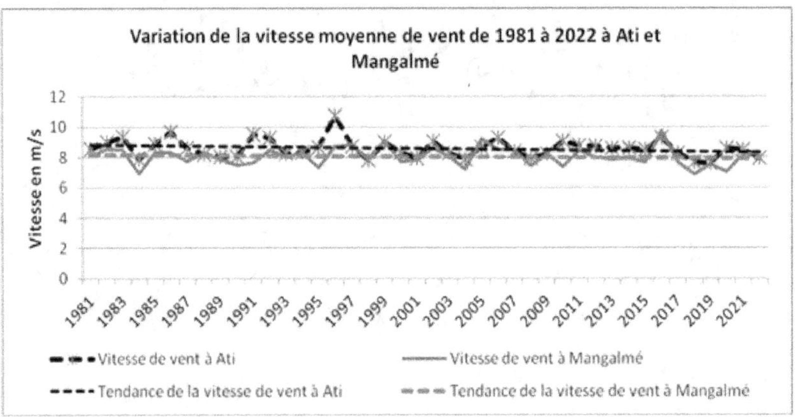

Figure 40 : Variation de vitesse moyenne de vent à Ati et Mangalmé

La vitesse moyenne du vent à Ati et à Mangalmé est d'environ 8 m/s, soit 28,8 km/h. Il y a quelques rares années où la vitesse a dépassé les 10 m/s, comme en 1996 à Ati, où elle a atteint 10,78 m/s, équivalent à plus de 30 km/h. Ces augmentations exceptionnelles de la vitesse du vent peuvent causer des désagréments importants pour la population. Il est donc pertinent d'examiner le régime du vent en analysant la vitesse moyenne mensuelle (Figure 41).

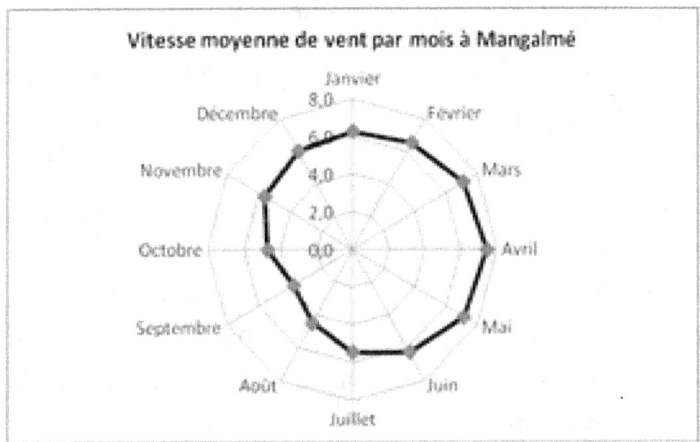

Figure 41 : Vitesse moyenne de vent par mois à Ati et Mangalmé

En observant de près les deux diagrammes de la figure 41 on constate que les vents soufflent avec une certaine intensité en mars, avril et mai, période correspondant à la rencontre brutale de l'Harmattan et de la Mousson au début de la saison pluvieuse. Durant cette période, les toitures des maisons sont enlevées et les arbres déracinés.

On constate aussi une valeur assez élevée de la vitesse de vent novembre, décembre et janvier ; ce qui correspond au souffle fort de l'Harmattan qui provoque des brumes de poussières connues.

I.2. Manifestations des changements climatiques et projections

I.2.1. Précipitations

Situées à des latitudes différentes, les trois zones d'étude n'ont pas le même régime pluviométrique.

Les localités du Tchad (Départements du Batha et de Mangalmé), situées dans le domaine sahélien ont une saison des pluies qui dure cinq à six mois (de mai à septembre). Au Cameroun les régions d'étude que sont les Monts Bana-Bangangté-Bangou et la plaine inondable du Noun sont localisées à des latitudes assez basses (5° Nord) et relèvent du domaine de climat guinéen ; ainsi elles connaissent une longue saison des pluies allant de janvier à novembre, soit environ 10 mois et seulement 2 mois de saison sèche. En République centrafricaine, les deux préfectures sélectionnées comme sites d'étude (Préfectures de l'Ombella-M'poko et de Kémo) sont également localisées à des latitudes assez basses (autour de 5°45'Nord), et font partie du domaine de climat soudano-guinéen. Le régime pluviométrique est également marqué par une longue saison pluvieuse allant de mars à novembre (environ 9 mois) et 3 mois de saison sèche (décembre à février).

Quant à la variabilité pluviométrique interannuelle, elle évolue en dents de scie dans toutes les localités. La différence s'aperçoit dans les tendances. Dans les localités sahéliennes du Tchad, la tendance pluviométrique est à la hausse, dans les localités camerounaises relevant du domaine guinéen, la tendance pluviométrique est à la baisse alors que dans les localités centrafricaines qui font partie du domaine soudano-guinéen, on observe une stabilité de la tendance pluviométrique. Les indices pluviométriques annuels confirment, par leur tendance, une hausse de la pluviométrie au Tchad, alors qu'au Cameroun, on observe une légère baisse à Bangangté et une situation quasi stationnaire à Foumban. La situation en RCA est comparable à celle du Cameroun avec une légère tendance à la baisse à Sibut-Centre et une quasi-stationnarité à Sibut-Grimari.

Mais, ce sont les indices pluviométriques à l'échelle décennale qui ont permis de mieux clarifier la situation pluviométrique dans les sites étudiés :

Au Tchad, les indices pluviométriques ont montré que les trois premières décennies (1981-1990, 1991-2000 et 2001-2010) ont connu des déficits pluviométriques et que c'est à la dernière qu'il y a une reprise à l'amélioration de la pluviométrie.

Au Cameroun, on a observé une abondance de la pluviométrie au cours de la première décennie (1981-1990) dans les deux sites. La deuxième décennie (1991-2000) a présenté une situation normale à Bangangté. Cette décennie et la suivante ont été déficitaires à Foumban. Enfin, la quatrième décennie (2010-2020) a été déficitaire à Bangangté et excédentaire à Foumban.

En République Centrafricaine, l'analyse révèle que les deux premières décennies (1981-1990 et 1991-2000) sont excédentaires, suivies d'une troisième décennie déficitaire et d'une quatrième décennie excédentaire à Sibut-Centre. À Sibut-Grimari, après une première décennie excédentaire, les deux décennies suivantes (1991-2000 et 2001-2010) sont déficitaires, tandis que la quatrième décennie est à nouveau excédentaire.

De tout ce qui précède, on peut retenir pour l'essentiel que l'avant dernière décennie (2001-2010) est déficitaire dans la plupart des sites et qu'il y a une amélioration au cours de la dernière décennie (2011-2020). Ce qui augure des lendemains pluviométriques meilleurs. Toutefois, comme les sécheresses, les abondantes précipitations ont aussi des conséquences catastrophiques à cause des inondations et leurs impacts sur la production agricole.

I.2.2. Températures

Pour toutes les stations des sites étudiés, les températures sont en hausse. Ce qui confirme le réchauffement climatique actuel et laisse présager des canicules

118

récurrentes dans l'avenir, en raison de l'écart de plus en plus grand entre la température maximale et la moyenne.

I.2.3. Vents

Le régime des vents dans la zone intertropicale, dominée par les alizés, est généralement assez régulier. Toutefois, les vitesses varient en fonction des caractéristiques locales. À Bangangté, par exemple, les vitesses sont relativement faibles (environ 2 m/s) en raison de la rugosité du relief. En République Centrafricaine (RCA), les vitesses de vent sont modérées, oscillant entre 5 et 6 m/s, ce qui peut être attribué à la couverture végétale dense qui freine les mouvements de l'air. En revanche, au Tchad, les vitesses de vent sont plus élevées (entre 7 et 8 m/s), probablement en raison de l'absence d'obstacles majeurs dans la région.

Cependant, des variations significatives de la vitesse du vent sont observées durant certaines périodes. Au début de la saison des pluies, on constate une augmentation de la vitesse du vent, souvent due à la rencontre brutale entre les vents de l'Harmattan et la mousson. De plus, entre décembre et février, l'Harmattan, vent sec et poussiéreux, provoque des brumes de poussières particulièrement fréquentes au Tchad durant cette saison.

En conclusion, le changement climatique a des répercussions profondes et négatives sur les écosystèmes et la diversité biologique, entraînant des bouleversements écologiques majeurs. La dégradation des ressources naturelles devient une problématique critique, avec des conséquences graves pour les productions agricoles, pastorales et halieutiques. Cette dégradation conduit à une insécurité alimentaire croissante, une migration perpétuelle et une mortalité accrue du bétail.

Ces pressions engendrent une compétition intense pour l'accès et la gestion des ressources naturelles, telles que l'eau, les terres et les pâturages. Cette compétition peut évoluer en conflits violents, initialement déclenchés par des altercations individuelles entre membres de différentes communautés, et pouvant se transformer en batailles rangées intercommunautaires.

Les conflits entre agriculteurs et éleveurs, ou entre éleveurs eux-mêmes, résultent directement de la lutte pour l'accès et le contrôle des ressources naturelles de plus en plus rares. Cette rareté est exacerbée par le changement climatique, la dégradation progressive de l'environnement, l'accroissement de la population humaine cherchant des terres fertiles, et la croissance rapide du bétail en quête de pâturages et d'eau.

Ainsi, le changement climatique et les phénomènes météorologiques extrêmes affectent le continent de manière disproportionnée, engendrant de graves conséquences économiques, sociales, environnementales et sécuritaires. Il est essentiel d'adopter des stratégies intégrées pour atténuer ces impacts, promouvoir la résilience des écosystèmes et des communautés, et garantir une gestion durable des ressources naturelles pour éviter des conflits futurs et assurer la sécurité alimentaire et la stabilité régionale.

I.3. Couverture végétale et changement climatique

Dans le contexte du réchauffement climatique, la végétation - étroitement liée aux émissions de CO_2 - est un élément essentiel de la surveillance des émissions de carbone et de la recherche sur le cycle du carbone (Barichivich et *al.,* 2013). Par conséquent, la surveillance de la végétation est vitale pour la protection des écosystèmes et la réalisation d'objectifs tels que le pic de carbone et la neutralité carbone (Zhang et *al.*, 2023).

Le changement de la végétation constitue un indicateur crucial de la santé environnementale et peut influencer de manière significative les conditions socio-économiques, y compris la paix et la stabilité (Emam, 2024a; Emam, 2024b, Emam, 2024c). La surveillance de ces changements au fil du temps est essentielle pour évaluer les transformations de l'occupation du sol et comprendre leurs implications plus larges. Grâce à des outils modernes comme la télédétection et les systèmes d'information géographique (SIG), il est désormais possible d'analyser ces changements de manière plus précise. Le NDVI (Indice de Végétation par Différence Normalisée) est un indicateur couramment utilisé pour évaluer la végétation à partir des images satellites. Il est calculé à partir des bandes rouges (Band 4) et proche infrarouge (Band 8) des images Sentinel-2A.

Le calcul du NDVI se fait selon la formule suivante :

$$\mathbf{NDVI} = \frac{(\mathbf{B_8} - \mathbf{B_4})}{(\mathbf{B_8} + \mathbf{B_4})}$$

- **NIR** (*NearInfrared*) correspond à la valeur de la bande proche infrarouge (Band 8),

- **Rouge** correspond à la valeur de la bande rouge (Band 4).

Les étapes de calcul sont les suivantes :

- **Prétraitement des données :** les images Sentinel-2A doivent être prétraitées pour corriger les effets atmosphériques et géométriques. Ce prétraitement est généralement inclus dans les données Sentinel-2A Level-2A, qui fournissent des images déjà corrigées pour l'atmosphère ;

- **Extraction des bandes :** isoler les bandes rouges et proche infrarouge à partir des fichiers de données Sentinel-2A ;

- **Calcul du NDVI :** appliquer la formule NDVI pour chaque pixel des images en utilisant les valeurs des bandes rouges et proche infrarouge. Les résultats seront des valeurs comprises entre -1 et +1, où des valeurs proches de +1 indiquent une végétation dense, et des valeurs proches de -1 indiquent une absence de végétation ou des surfaces non végétatives ;

- **Analyse et interprétation** : les valeurs du NDVI peuvent être analysées pour observer les changements dans la couverture végétale au fil du temps. Des cartes thématiques peuvent être générées pour visualiser les variations spatiales et temporelles de la végétation ;

- **Validation** : pour assurer la précision des résultats, il peut être nécessaire de comparer les valeurs NDVI avec des données de terrain ou d'autres sources de données pour valider les résultats obtenus ;

La détection des changements s'est fait à partir des indices de végétation. Pour identifier les zones de gain ou de perte significative de végétation, l'Indice de Végétation par Différence Normalisée (NDVI) de 2023 a été soustrait de celui de 2019.

$$NDVI_{change} = NDVI_{2023} - NDVI_{2019}$$

Un changement positif indique une augmentation de la qualité ou de la densité de la végétation. Tandis qu'un changement négatif indique le contraire.

Les valeurs NDVI ont été reclassées en différentes catégories à l'aide de ruptures naturelles pour mettre en évidence les zones de densité de végétation élevée, moyenne et faible. Une analyse temporelle a été réalisée pour observer les tendances et les motifs sur la période de cinq ans.

I.3.1. Sites du Cameroun

Dans les hautes terres de l'Ouest Cameroun, comprendre la dynamique de la végétation est particulièrement important en raison de la riche biodiversité de la région, de sa dépendance agricole et des défis persistants tels que l'érosion des sols, la déforestation et la dégradation des terres. Aborder ces défis est crucial pour le développement durable de la région. Le climat de la région est tropical, avec une saison des pluies prononcée qui facilite la préservation des écosystèmes de forêts denses et une saison sèche qui influence les pratiques agricoles. Le sol volcanique fertile et les conditions climatiques favorables permettent diverses cultures telles que le café, la banane et le maïs. La région est également réputée pour son élevage de bétail. De plus, le commerce et les échanges sont essentiels à l'économie locale, avec des marchés majeurs et des centres commerciaux répartis à travers la Région.

La Région de l'Ouest est l'une des dix Régions administratives du Cameroun. Elle se distingue par ses paysages variés, comprenant des terrains montagneux, des poches de forêts tropicales humides, des savanes humides et des terres agricoles. La province est divisée en huit départements, chacun ayant ses propres caractéristiques géographiques et environnementales. Ces départements sont Bamboutos, Haut-Nkam, Hauts-Plateaux, Koung-Khi, Menoua, Mifi, Ndé, et Noun (Figure 42).

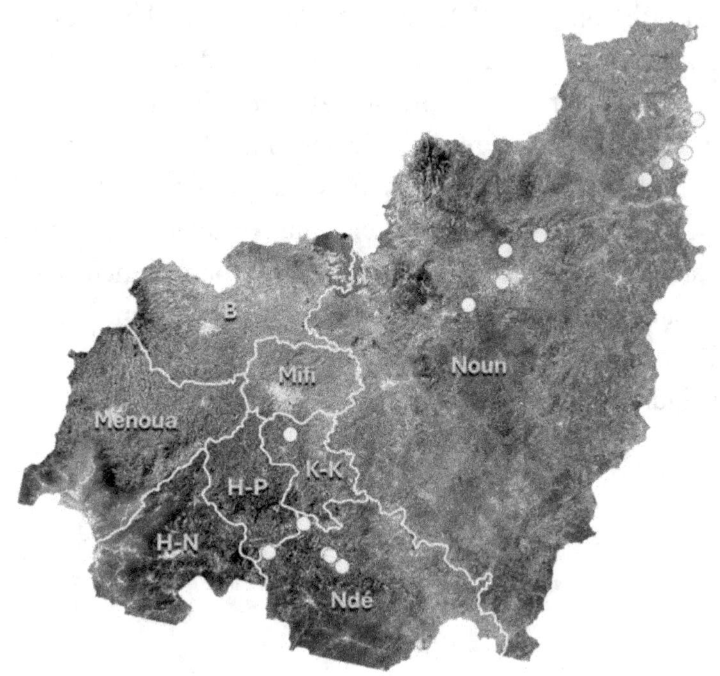

Figure 42 : Zone d'étude dans la région de l'Ouest du Cameroun (B : Bamboutos ; H-N : Haut-Nkam ; H-P : Hauts-Plateaux ; K-K : Koung-Khi).

Les points jaunes représentent les points d'échantillonnage de l'enquête.

I.3.1.1. Cartes NDVI - Cameroun

La Figure 43 présente les cartes NDVI pour 2019 et 2023, mettant en évidence la répartition spatiale de la végétation dans l'ouest du Cameroun. Les valeurs NDVI sont représentées en nuances de vert, où une intensité de vert plus élevée indique une végétation plus dense, tandis que des nuances plus claires représentent une végétation moins dense.

En 2019, les valeurs NDVI variaient de -0,52 à +0,99, tandis qu'en 2023, elles allaient de -1 à +1, les valeurs positives plus élevées indiquant une végétation plus dense.

La comparaison entre les deux cartes peut révéler les pertes et les gains de végétation au cours de la période d'étude. Les variations des valeurs NDVI peuvent être attribuées à des facteurs tels que la déforestation, les pratiques agricoles et les conditions climatiques.

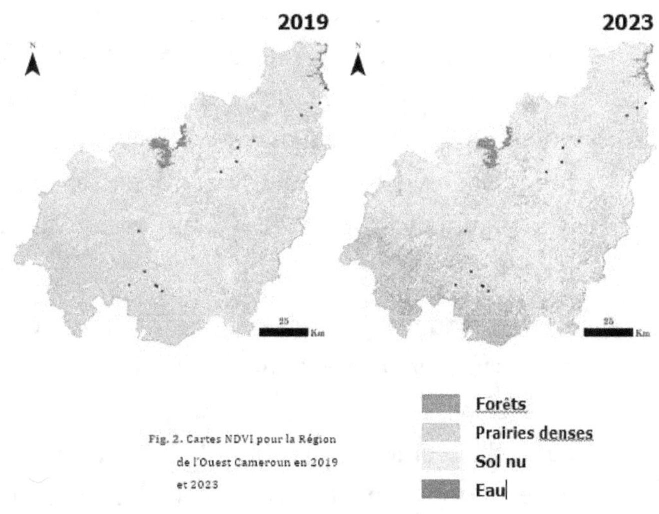

Fig. 2. Cartes NDVI pour la Région de l'Ouest Cameroun en 2019 et 2023

Figure 43 : Cartes NDVI pour la Région de l'Ouest Cameroun en 2019 et 2023

I.3.1.2. Carte de détection des changements

Les valeurs de changement NDVI variaient de -1,7743 à +0,9627, avec une moyenne de -0,17346 et un écart-type de 0,1215088. Pour évaluer les changements de végétation, les valeurs NDVI ont été reclassées en 9 classes distinctes afin de mettre en évidence les zones de densité de végétation élevée, moyenne et faible.

La Figure 43 révèle les motifs spatiaux du changement de végétation. Différentes nuances de vert et de rouge indiquent le degré de changement des valeurs NDVI :

- **Zones Vertes** : Indiquent une augmentation de la couverture végétale. Cela pourrait être dû à des facteurs tels que la reforestation, des pratiques agricoles réussies ou des conditions climatiques favorables. Des zones significativement vert foncé sont visibles dans le nord-est du Noun et des Bamboutos, ainsi que dans le sud du Haut-Nkam.

- **Zones Rouges** : Indiquent une diminution de la couverture végétale, suggérant une dégradation sévère, possiblement due à la déforestation ou à des changements importants d'utilisation des terres. Globalement, différentes nuances de rouge sont dispersées sur la carte, indiquant une perte de végétation avec des concentrations plus élevées dans les régions sud et sud-ouest

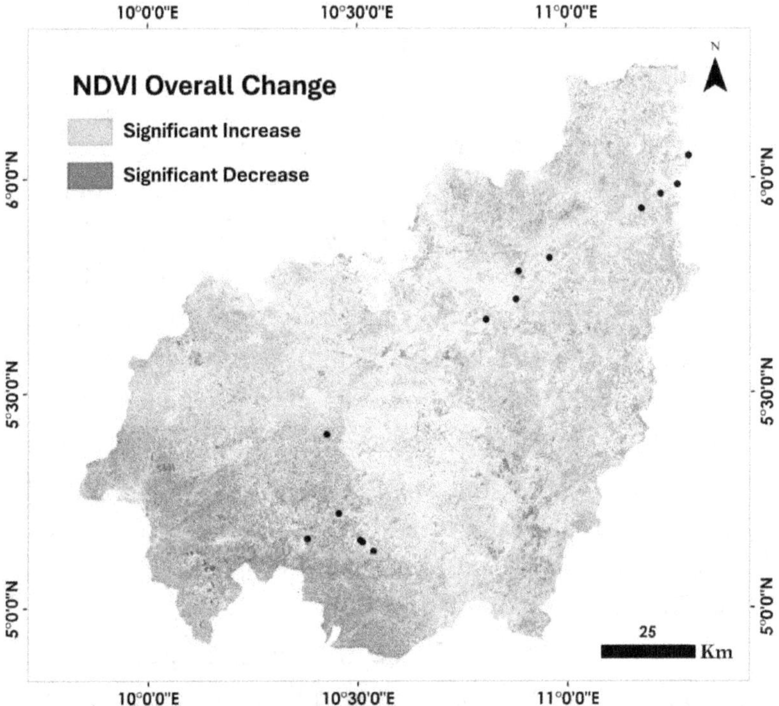

Figure 44: Carte de Détection des Changements NDVI

En définitive, cette étude a analysé les changements spatiotemporels de la couverture végétale dans l'ouest du Cameroun en utilisant les données NDVI provenant des images Sentinel-2A sur la période de décembre 2019 à décembre 2023. Les résultats ont révélé des niveaux variés de perte de végétation en termes d'état et de densité, avec une perte significative dans les zones sud de la province. A contrario, des gains de végétation importants ont été observés dans quelques zones localisées.

I.3.2. Sites de la République Centrafricaine (RCA)

La République centrafricaine (Figure 45), située au cœur de l'Afrique, est caractérisée par un climat tropical prédominant avec des saisons humides et sèches distinctes. Ce climat influence considérablement les zones écologiques et les pratiques agricoles du pays, en particulier dans des régions comme Kémo. Les régions méridionales de la RCA connaissent un climat de forêt tropicale humide avec des précipitations annuelles élevées et une saison des pluies prolongée, tandis que les régions centrales et septentrionales, y compris Kémo, sont marquées par un climat de savane tropicale. Dans ces régions, les précipitations sont intenses mais concentrées sur une période plus courte, suivie d'une saison sèche prolongée. Ces conditions climatiques sont déterminantes pour la santé et la productivité de la végétation de la région.

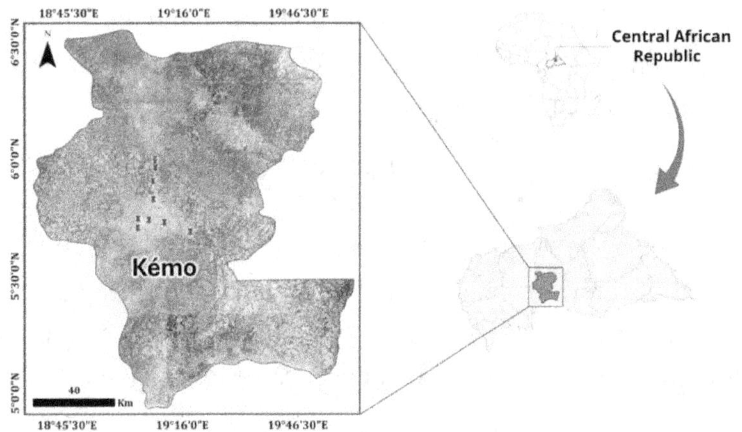

Figure 45: La région de Kémo. Les emplacements des points d'échantillonnage du questionnaire sont indiqués à l'aide de punaises rouges.

L'agriculture, qui constitue l'épine dorsale de l'économie de la RCA, dépend fortement des pluies saisonnières. L'agriculture pluviale domine le paysage, ce qui accroit la sensibilité de la productivité agricole du pays aux variations climatiques. Dans des régions comme celle de Kémo, l'interaction entre les précipitations et la santé de la végétation est particulièrement préoccupante, notamment en raison de l'imprévisibilité croissante des conditions météorologiques due au changement climatique.

I.3.2.1. Cartes NDVI - RCA

L'analyse NDVI des images Sentinel-2A a révélé des variations de l'état de la végétation dans la région de Kémo entre janvier 2019 et janvier 2024. Les valeurs moyennes de NDVI sont passées de 0,45 en janvier 2019 à 0,52 en janvier 2024, ce qui indique une amélioration globale de l'état de la végétation.

Pour visualiser ces changements, une carte des changements de NDVI a été créée en soustrayant les valeurs de NDVI de 2019 de celles de 2024 (Figure 46). La carte a été classée, à l'aide de ruptures naturelles, dans les catégories suivantes : augmentation de la végétation, diminution de la végétation et absence de changement.

La distribution spatiale des valeurs NDVI a montré que :

- Les parties septentrionale et centrale de la région de Kémo présentent une augmentation des valeurs NDVI, ce qui suggère que ces zones ont connu une croissance positive de la végétation. Cette amélioration pourrait être due aux efforts de reboisement, à de meilleures pratiques de gestion des terres ou à des conditions climatiques favorables au cours de la période.

- Les zones méridionales et certaines zones centrales dispersées ont présenté des valeurs NDVI en baisse, ce qui indique un déclin de la santé de la végétation. Cette diminution pourrait être attribuée à la déforestation, à l'expansion de l'agriculture, aux conditions de sécheresse ou à d'autres facteurs anthropiques entraînant une dégradation des sols.

- Les zones où aucun changement significatif du NDVI n'a été observé sont probablement des écosystèmes stables qui ont conservé leur couverture végétale et leur santé au cours de la période de cinq ans.

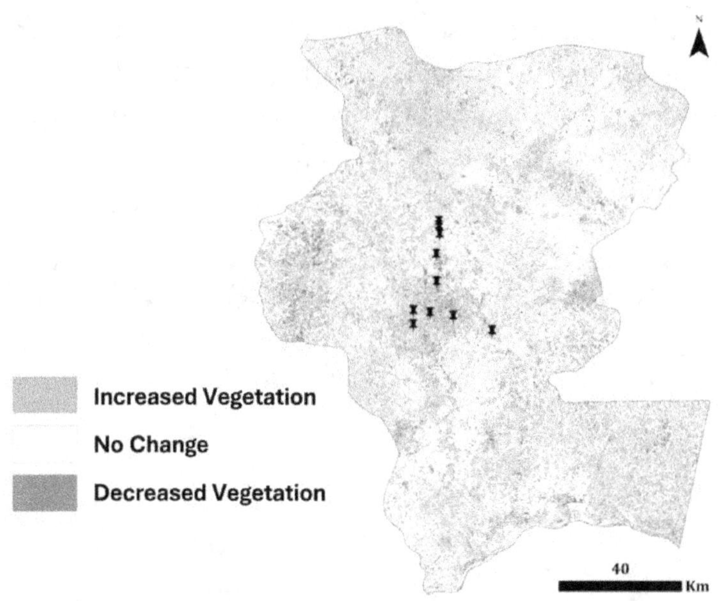

Figure 46: Carte de détection des changements de végétation (Jan 2019 - Jan 2024)

La carte de la figure 46 illustre la répartition spatiale des zones où les valeurs du NDVI ont changé au cours de la période de cinq ans. Les changements sont classés en fonction de l'ampleur de la différence, indiquant les régions d'augmentation, de stabilité (absence de changement) ou de diminution de l'état de la végétation.

Un total de 780 images de réflectance de surface Sentinel-2, capturées entre le 3 janvier 2019 et le 31 janvier 2024, avec une couverture nuageuse inférieure à 10 %, ont été filtrées pour analyser la santé et la densité de la végétation à Kémo, en République centrafricaine. L'analyse est basée sur le NDVI, une mesure clé en télédétection qui fournit des informations importantes sur la façon dont la santé et la densité de la végétation dans la région ont changé au fil du temps.

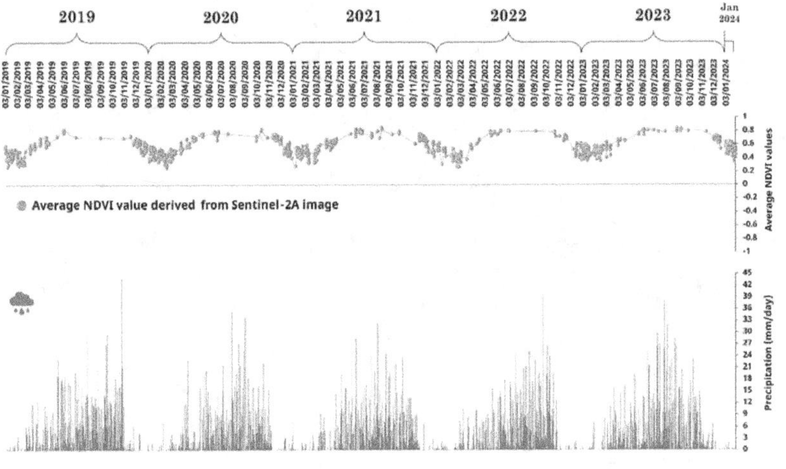

Figure 47 : Les séries chronologiques du NDVI et des précipitations

La moitié supérieure du graphique présente les valeurs moyennes mensuelles du NDVI sous forme de série chronologique, tandis que la moitié inférieure montre les données pluviométriques quotidiennes (en mm/jour) provenant de CHIRPS. Les données couvrent la période allant de janvier 2019 à janvier 2024.

Les valeurs du NDVI ont connu des fluctuations notables au cours de la période de cinq ans, reflétant la variabilité saisonnière et interannuelle de la santé de la végétation. Chaque année suit un schéma cohérent d'augmentation des valeurs du NDVI au début de l'année, de pic vers le milieu de l'année et de diminution vers la fin de l'année (Figure 47). La variabilité au sein de chaque année est influencée par les conditions météorologiques, la couverture nuageuse et d'autres facteurs environnementaux.

Les valeurs du NDVI varient de 0,262 à 0,848, ce qui indique une végétation généralement saine tout au long de la période. Le NDVI moyen montre une tendance à la hausse de 2019 (0,534) à 2021 (0,597), avec une légère baisse en 2022 (0,573) suivie d'une reprise en 2023 (0,588). L'erreur standard reste autour de 0,010 d'une année à l'autre, ce qui suggère une précision constante dans les estimations moyennes du NDVI. Les valeurs médianes s'alignent étroitement sur la moyenne, sauf en 2022, où la médiane (0,569) est légèrement inférieure à la moyenne (0,573), ce qui indique une distribution plus homogène des valeurs de NDVI cette année-là. Le mode, particulièrement élevé en 2022 (0,769), suggère une concentration des valeurs de NDVI autour de ce chiffre, tandis que l'écart type a atteint son maximum en 2022 (0,154), indiquant une variabilité accrue de la santé de la végétation cette année-là, avant de diminuer en 2023 (0,121).

L'analyse ANOVA (Analysis of Variance ou Analyse de Variance) indique que les valeurs NDVI sont restées relativement stables au cours de la période de cinq ans allant de 2019 à 2023. Il n'y a pas de preuve de changements significatifs dans la santé de la végétation mesurée par le NDVI au cours de ces années. Cette cohérence suggère que la couverture végétale de la région de Kémo n'a pas connu de changements radicaux en termes de santé ou de densité au cours de la période examinée.

Les données relatives aux précipitations ont révélé un cycle saisonnier distinct avec une alternance de périodes humides et sèches. L'intensité et la fréquence des précipitations correspondent aux pics des valeurs du NDVI.

Le coefficient de corrélation de Pearson entre le NDVI et les précipitations est d'environ 0,766, avec une valeur p de 1,53 e-11, ce qui indique une forte relation linéaire positive. Cela suggère qu'une augmentation des précipitations correspond généralement à des valeurs de NDVI plus élevées, ce qui signifie une amélioration de la santé de la végétation. La valeur p statistiquement significative (inférieure à 0,05) confirme la robustesse de cette relation. Pendant les périodes de forte pluviosité, comme à la mi-2019, 2020 et 2022, les valeurs du NDVI augmentent, ce qui traduit une amélioration de la couverture végétale en raison de l'abondance de l'humidité. À l'inverse, pendant les périodes de sécheresse, comme au début de 2020 et de 2021, les valeurs du NDVI diminuent, ce qui indique un stress de la végétation dû à une disponibilité réduite de l'eau.

La végétation de Kémo est donc très sensible aux régimes pluviométriques. La forte corrélation entre le NDVI et les précipitations met en évidence le rôle crucial de la disponibilité de l'humidité dans la détermination de la santé de la végétation.

L'agriculture contribue à plus de 31% du produit intérieur brut (PIB) de la RCA (FAO AQUASTAT, 2024). Plus précisément, de 2019 à 2021, le pourcentage de la contribution de l'agriculture au PIB a légèrement fluctué, passant de 31,98 % en 2019 à 31,74 % en 2021. En termes absolus, la valeur ajoutée par l'agriculture au PIB est passée d'environ 710 millions de dollars en 2019 à plus de 799 millions de dollars en 2021 (FAO AQUASTAT, 2024). Cette production économique constante, malgré des fluctuations mineures, indique la résilience du secteur et son rôle essentiel dans le soutien de l'économie nationale.

Le pourcentage de la valeur ajoutée brute (VAB) agricole provenant de l'agriculture irriguée reste négligeable, à 0,008 % (FAO AQUASTAT, 2024), soulignant la dépendance de la région à l'égard de l'agriculture pluviale. Cette dépendance rend la région de Kémo particulièrement vulnérable à la variabilité climatique, car la productivité agricole est étroitement liée à la pluviométrie.

L'utilisation des terres est restée stable, avec environ 3,08 % de la superficie totale du pays cultivée. La superficie cultivée s'est maintenue autour de 1,919 million d'hectares, ce qui indique une stabilité dans l'utilisation des terres agricoles.

La densité de la population est passée de 8,36 à 8,76 habitants par kilomètre carré, avec une croissance de la population totale de 5,209 millions à 5,457 millions. Cette croissance graduelle suggère que les changements dans les modes d'utilisation des terres seront probablement progressifs.

Les prélèvements d'eau à des fins agricoles sont restés minimes, représentant 0,00028 % du total des ressources en eau renouvelables. Les inondations et les niveaux de stress hydrique sont restés stables, ce qui indique des conditions environnementales constantes.

En définitive, l'analyse révèle que la dynamique de la végétation à Kémo, en République centrafricaine, est principalement influencée par des facteurs naturels tels que les précipitations, plutôt que par des changements socio-économiques significatifs. Les valeurs du NDVI sont restées relativement stables au cours de la période de cinq ans, les variations saisonnières étant étroitement liées aux précipitations. Le contexte socio-économique - caractérisé par la stabilité de la production agricole, de

138

l'utilisation des terres et du prélèvement minimal des ressources en eau - renforce l'idée que les facteurs environnementaux jouent un rôle crucial dans l'évolution de la santé de la végétation. Les changements futurs des régimes climatiques pourraient avoir des conséquences importantes sur la productivité agricole et la stabilité socio-économique à Kémo.

I.3.3. Sites du Tchad

Le Tchad est un pays enclavé situé au cœur (centre-nord) de l'Afrique. Il partage ses frontières avec la Libye au nord, le Soudan à l'est, la République centrafricaine au sud, le Cameroun, le Nigeria et le Niger à l'ouest (Figure 47).

Tchad

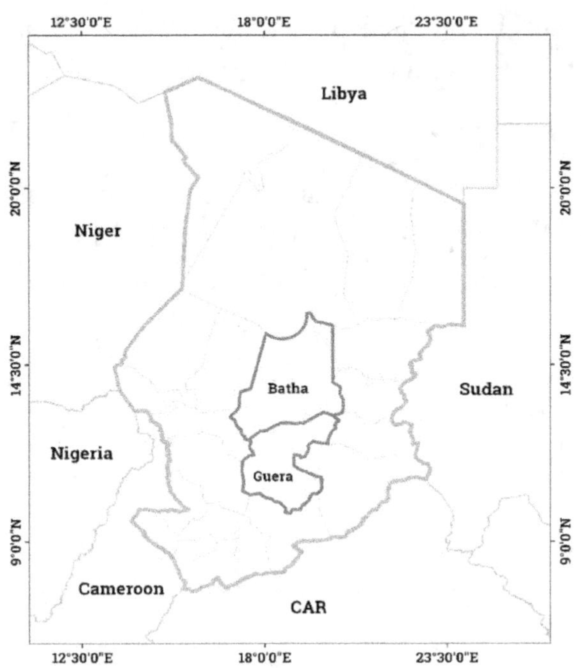

Figure 48: Les sites d'étude du Tchad mettant en évidence les régions du Batha et du Guera

La région du Batha au Tchad, située au centre entre le désert aride du Sahara au nord et la savane humide au sud, joue un rôle crucial dans la compréhension de la variabilité climatique et des changements d'utilisation des terres. Elle est caractérisée par un climat semi-aride sahélien avec des températures élevées allant de 25°C à 40°C et une saison sèche d'octobre à mai. La région connaît des précipitations très saisonnières, avec 300 à 500 mm de pluie de juin à septembre, ce qui influence sa végétation et son potentiel agricole. La végétation locale, principalement des prairies de savane et des arbres *Acacia*, soutient l'agriculture de subsistance et l'élevage, mais elle est menacée par les fluctuations des précipitations et les activités humaines telles que le surpâturage.

Dans le Batha, le département de Fitri, situé autour du lac Fitri, dispose de terres plus fertiles qui soutiennent l'agriculture, la pêche et l'élevage, bien qu'il reste vulnérable aux changements environnementaux et à la dégradation des terres. En revanche, Ati, la capitale située dans le département du Batha Ouest, doit faire face à des conditions désertiques plus sévères, notamment des températures élevées et des précipitations minimales. Ces défis climatiques affectent la végétation, l'agriculture et la gestion de l'eau, soulignant la nécessité de stratégies de développement durable pour aborder les problèmes environnementaux et socio-économiques de la région.

La région du Guéra, située au centre du Tchad, est caractérisée par un climat semi-aride de type steppe, avec des températures élevées et des précipitations limitées et saisonnières. La région connaît une saison sèche d'octobre à mai, avec des températures dépassant souvent les 40°C, et une saison des pluies de juin à septembre, durant laquelle se concentre la majeure partie des précipitations annuelles. Le paysage est principalement constitué de savanes, qui couvrent environ 85 % de la région, tandis que les forêts en représentent 14 %. Les activités agricoles sont significatives, avec le coton et les arachides comme principales cultures commerciales, bien que les établissements humains et les terres agricoles soient relativement limités.

Administrativement, la région du Guéra est divisée en quatre départements : Mangalmé, Guéra, Abtouyour et Barh Signaka. La capitale, Mongo, est située dans le département du Guéra et sert de centre névralgique pour l'administration et le commerce. Le département de Mangalmé, situé dans la partie nord-est de la région, est principalement recouvert de savanes avec un petit pourcentage de zones forestières. L'activité humaine est minimale, avec des établissements et des terres agricoles occupant une très petite portion du territoire (Brandt *et al.,* 2023). Mongo, connue pour son terrain vallonné et son climat semi-aride, joue un rôle crucial dans l'économie régionale en commerçant les produits agricoles des environs.

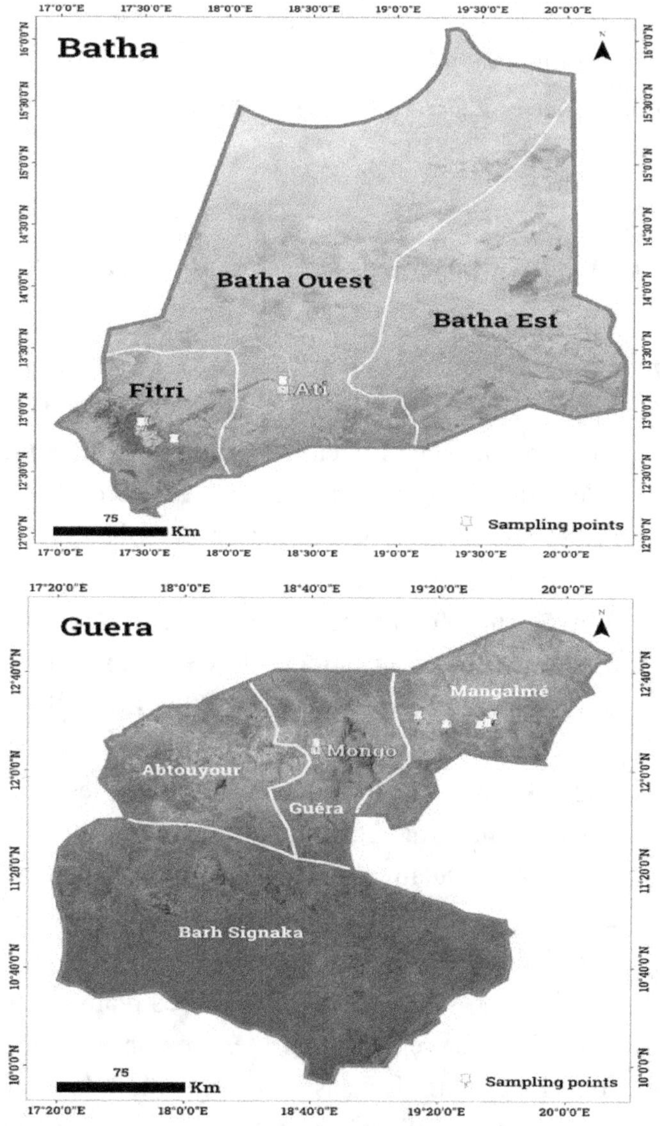

Figure 49: Localisation des sites du Tchad (Batha et Guéra).

Le Nexus Climat-Sécurité-Environnement en Afrique centrale : *Cas du Cameroun, de la République Centrafricaine et du Tchad – Etude financée par L'OIF, réalisée par le Consortium – CEDPE- 2025*

143

La carte indique les points d'échantillonnage utilisés pour le questionnaire dans cette étude ainsi que les emplacements des capitales régionales, Ati et Mongo (Figure 49).

I.3.3.1. Cartes NDVI – Tchad

- **Région du Batha (département de Fitri et ville d'Ati)**

Janvier 2019 : l'analyse de l'Indice de Végétation par Différence Normalisée (NDVI) pour la région du Batha, en se concentrant spécifiquement sur le département de Fitri et la ville d'Ati, en janvier 2019, révèle des détails significatifs sur l'état de la végétation dans la zone. Les mesures statistiques indiquent un NDVI moyen de 0,2058 avec un écart-type de 0,1588, reflétant une variabilité modérée de la santé de la végétation à travers la région. La valeur minimale du NDVI est de -0,9988, suggérant des zones avec une végétation très clairsemée ou inexistante, potentiellement des terres stériles ou des plans d'eau, tandis que la valeur maximale du NDVI atteint 0,9984, reflétant des zones avec une végétation très dense. La Figure 50 affiche la répartition spatiale de neuf classes de végétation différentes, allant de très faible NDVI, indiquant des terres stériles ou des plans d'eau, à très élevé NDVI, représentant des régions avec une végétation luxuriante. La classe de végétation dominante est « Végétation Faible-Modérée », couvrant environ 59,609 % de la zone. Cela est suivi par « Végétation

Modérée » (16,021 %) et « Végétation Modérée-Élevée » (10,136 %). Ensemble, ces classes indiquent que la majorité de la région du Batha en janvier 2019 était caractérisée par une densité de végétation faible à modérée. Des portions plus petites de la région montrent une végétation clairsemée (5,832 %), élevée (3,583 %) et très élevée (3,290 %), suggérant des zones localisées avec une croissance végétale plus riche. La présence de végétation très clairsemée (0,887 %) et de NDVI faible (0,581 %) souligne également des zones potentiellement affectées par des facteurs de stress environnementaux, tels que la sécheresse ou les activités humaines, conduisant à une dégradation de la végétation. En somme, les résultats indiquent que, bien qu'il y ait une couverture végétale significative dans la région du Batha, une grande partie présente une densité allant de faible à modérée. Cette répartition suggère la nécessité d'efforts de conservation ciblés dans les zones avec une végétation clairsemée ou dégradée pour améliorer la stabilité écologique et la productivité de la région.

Janvier 2024 : l'analyse du NDVI pour la zone examinée dans la région du Batha en janvier 2024 montre une légère baisse de la santé de la végétation par rapport à 2019. Le NDVI moyen a diminué à 0,2021, avec un écart-type plus bas de 0,1210, ce qui indique une variabilité réduite dans la densité de la végétation. La valeur minimale du NDVI est de -0,9977, similaire à celle de 2019, ce qui pointe vers des zones avec peu ou pas de végétation, probablement des terres stériles ou des plans d'eau. Cependant, la valeur maximale du NDVI a diminué à 0,8955, suggérant une réduction des régions à végétation dense.

La carte de distribution spatiale de la végétation (Figure 50) révèle que la classe « Végétation Faible-Modérée » reste prédominante, couvrant 60,491 % de la zone, une légère augmentation par rapport à 2019. Cela suggère que la proportion de la région caractérisée par une végétation de faible densité a augmenté. La classe « Végétation Modérée » a également légèrement augmenté à 11,031 %, tandis que la classe « Végétation Modérée-Élevée » a diminué à 13,459 %, indiquant une réduction des zones avec une végétation plus saine.

Les zones avec une végétation clairsemée (6,351 %) et élevée (4,641 %) montrent des augmentations légères, tandis que la classe « Végétation Très Élevée » a diminué de manière significative à 1,877 %. Ce changement suggère un déclin général de la santé de la végétation dans la région. La présence de végétation très clairsemée (1,046 %) et de NDVI faible (1,040 %) a légèrement augmenté, indiquant un stress environnemental croissant ou une dégradation. En conclusion, la comparaison entre janvier 2019 et janvier 2024 révèle une tendance à la baisse de la densité et de la santé de la végétation dans la région du Batha. L'augmentation de la végétation faible à modérée et la diminution des catégories de végétation élevée et très élevée soulignent une possible dégradation de l'état écologique de la région, nécessitant une attention pour les efforts de conservation et de réhabilitation.

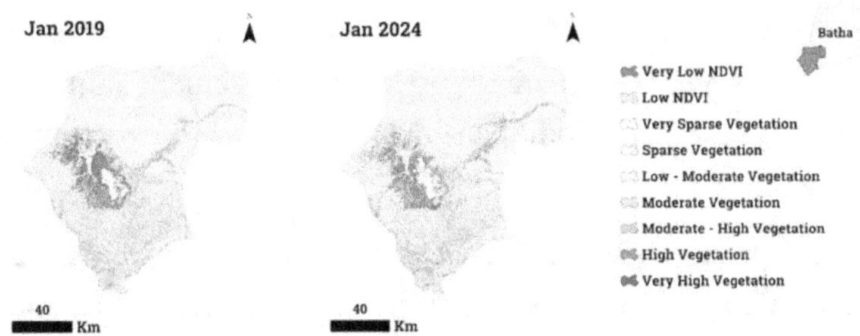

Figure 50: Cartes de Répartition Spatiale du NDVI Comparatives pour le Département de Fitri et la Ville d'Ati dans la Région du Batha pour 2019 et 2024.

Les cartes montrent la répartition spatiale de la qualité de la végétation dans la zone d'étude en janvier 2019 (à gauche) et en janvier 2024 (à droite). La végétation est classée en neuf catégories, allant de « NDVI Très Faible » (indiquant des terres stériles ou des plans d'eau) à « Végétation Très Élevée » (indiquant une végétation dense et saine). Le gradient de couleur sur les cartes reflète ces catégories, les verts plus clairs représentant une densité de végétation plus faible et les verts plus foncés indiquant une densité de végétation plus élevée. La carte en insert montre l'emplacement du département de Fitri et de la ville d'Ati (marqués en rouge) dans la région du Batha.

La comparaison du NDVI entre 2019 et 2024 pour la zone examinée dans la région du Batha révèle des changements notables dans la couverture végétale. Le changement moyen global du NDVI est de -0,022425, indiquant une légère diminution de la santé de la végétation au cours de la période de cinq ans. L'écart-type de 0,111486 suggère une variabilité modérée de ce changement à travers la région. Le changement minimal observé est de -1,753681, correspondant à des zones de perte de végétation, tandis que le changement maximal est de 1,781942, indiquant des zones où la végétation a augmenté.

La répartition spatiale de ces changements est illustrée sur la carte (Figure 51), qui met en évidence les régions de perte de végétation (en rouge), les zones sans changement significatif (en beige), et les régions de gain de végétation (en vert). La majorité de la région du Batha (74,51 %) n'a pas montré de changement significatif dans la densité de végétation. Cependant, 14,43 % de la région a montré une diminution de la végétation, tandis que 11,06 % a enregistré une augmentation. Les zones de perte de végétation sont principalement concentrées dans les parties centrale et sud de la région, où des facteurs environnementaux ou anthropiques peuvent avoir contribué à la dégradation. À l'inverse, les régions de gain de végétation sont éparses et moins étendues, indiquant des améliorations localisées, potentiellement dues à des efforts de restauration ou à des conditions climatiques favorables.

La région du Batha a connu une légère diminution globale de la densité de végétation entre 2019 et 2024, avec des zones spécifiques de préoccupation où une perte significative de végétation a eu lieu. Les schémas spatiaux observés soulignent la nécessité d'interventions ciblées pour atténuer la dégradation supplémentaire et promouvoir la récupération de la végétation dans les zones vulnérables.

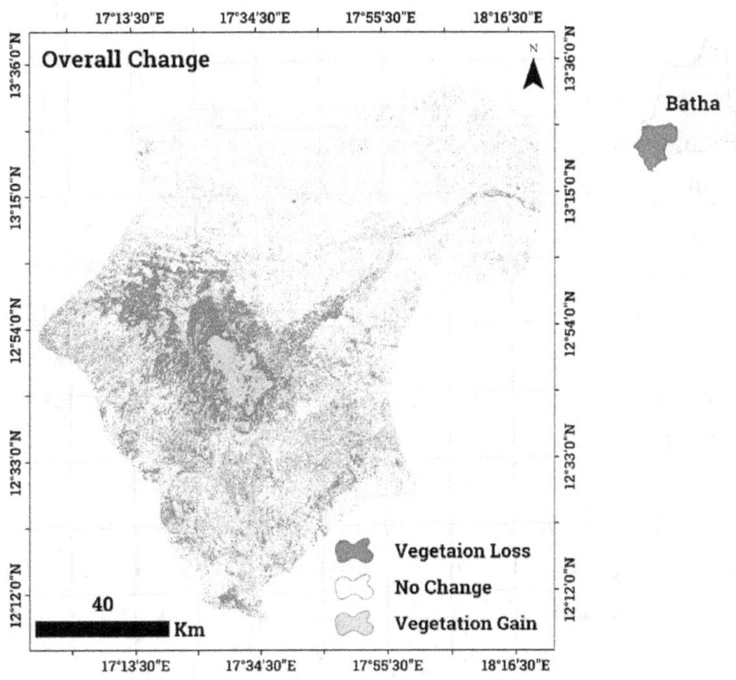

Figure 51: Dynamiques spatiotemporelles globales de la végétation (Jan 2019 – Jan 2024)

La carte illustre la répartition spatiale des zones où la végétation a changé au cours de la période de cinq ans. Les zones marquées en rouge indiquent des régions où la végétation a diminué, tandis que les zones en vert représentent des régions avec un gain de végétation. Les zones en beige montrent les régions où il n'y a pas eu de changement significatif dans la densité de végétation. Les parties centrale et sud de la région présentent une perte de végétation notable, tandis que des gains de végétation sont observés dans des zones éparses et localisées.

En manière générale, le département de Fitri et la ville d'Ati dans la région du Batha ont connu une légère mais notable diminution de la qualité de la végétation au cours de la période de cinq ans, analysée. Cette baisse se traduit par une augmentation des zones de végétation à faible densité et une réduction des zones avec une couverture végétale dense. Les schémas spatiaux de perte de végétation suggèrent que certaines zones sont particulièrement vulnérables à la dégradation, ce qui peut être attribué à des facteurs tels que le stress environnemental, les activités humaines ou les changements dans l'utilisation des terres. Sans intervention, ces tendances pourraient entraîner une dégradation écologique accrue, affectant la biodiversité de la région, la stabilité des sols et la santé environnementale globale.

- **Région du Guéra (Départements de Mangalmé et Guéra)**

La répartition spatiale de la végétation dans la région du Guéra, notamment dans les départements de Mangalmé et Guéra, est classifiée en neuf catégories distinctes, allant de NDVI très faible (indiquant des terres stériles ou des plans d'eau) à NDVI très élevé (représentant des zones de végétation dense) (Figure 52).

Janvier 2019 : en janvier 2019, environ 88,8 % de la zone étudiée est classée dans les catégories de couverture végétale faible-modérée à modérée-élevée :

- 60,66 % de la zone est classée comme végétation faible-modérée, avec des valeurs de NDVI entre 0,124 et 0,223.

- 14,57 % de la zone est classée comme végétation modérée, avec des valeurs de NDVI allant de 0,223 à 0,255.

- 13,59 % est catégorisée comme végétation modérée-élevée, avec des valeurs de NDVI entre 0,255 et 0,375.

Cette couverture étendue influence de manière significative le NDVI moyen global de 0,186931, typique d'une végétation faible à modérée. De plus, 10,29 % de la zone est classée comme végétation clairsemée. Les zones de végétation élevée et très élevée (NDVI de 0,375 à 0,829) représentent moins de 1 % de la zone totale, indiquant des zones limitées de végétation dense.

Janvier 2024 : en janvier 2024, la valeur moyenne du NDVI a légèrement augmenté à 0,199, signalant une amélioration modeste de la densité de la végétation. Cette augmentation reflète des changements positifs dans la couverture végétale de la région au cours de la période de cinq ans. L'augmentation du NDVI moyen suggère que davantage de zones présentent une végétation plus saine ou plus dense par rapport à 2019. L'analyse spatiale suivante fournit des informations supplémentaires :

- Bien que la végétation faible-modérée couvre toujours la plus grande partie de la zone, son pourcentage a diminué de 60,66 % en 2019 à 54,30 % en 2024, indiquant un passage de certaines zones à des classes de densité de végétation plus élevées.

- La proportion de végétation modérée a augmenté de 14,57 % en 2019 à 17,16 % en 2024, suggérant une amélioration globale de la densité de végétation.

- La couverture de la végétation modérée-élevée a connu une augmentation substantielle, passant de 13,59 % en 2019 à 19,70 % en 2024, reflétant une tendance claire vers une densité de végétation plus élevée.

- La végétation clairsemée a diminué de 10,29 % en 2019 à 7,11 % en 2024, impliquant que les zones de végétation clairsemée ont été classées dans des catégories de végétation plus dense.

- Des augmentations ont été observées dans les catégories de végétation élevée et très élevée, avec la végétation élevée passant de 0,80 % à

1,41 % et la végétation très élevée de 0,02 % à 0,05 %, indiquant une présence croissante de végétation dense dans la région.

Dans l'ensemble, la comparaison entre 2019 et 2024 indique une tendance positive vers une densité de végétation plus élevée, avec un passage accru des zones vers des classes de végétation modérée et élevée. L'augmentation de la végétation élevée et très élevée, qui étaient inférieures à 1 % en 2019, met en évidence cette amélioration.

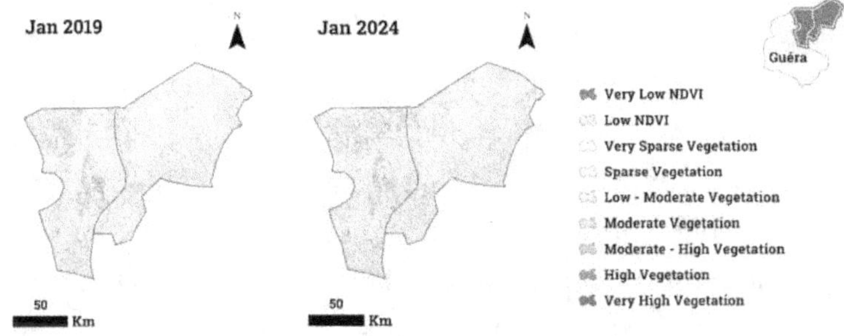

Figure 52: Cartes de Répartition Spatiale Comparatives du NDVI des Départements de Mangalmé et Guéra, Région du Guéra pour 2019 et 2024

Les cartes illustrent la répartition spatiale de la qualité de la végétation dans la zone d'étude en janvier 2019 (à gauche) et en janvier 2024 (à droite). La végétation est classifiée en neuf catégories, allant de « NDVI Très Faible » (indiquant des terres stériles ou des plans d'eau) à « Végétation Très Élevée » (indiquant une végétation dense et saine). Le gradient de couleur sur les cartes reflète ces catégories, les verts plus clairs représentant une densité de végétation plus faible et les verts plus foncés indiquant une densité de végétation plus élevée. La carte en insert montre l'emplacement

153

des départements de Mangalmé et Guéra (marqués en rouge) au sein de la Région du Guéra.

La Figure 53 illustre le changement global dans les dynamiques spatiotemporelles de la végétation à travers la région du Guéra de janvier 2019 à janvier 2024. L'analyse révèle une tendance largement positive, avec des gains substantiels de végétation observés dans 30 % de la zone. Cette tendance est corroborée par une légère augmentation de la valeur moyenne du NDVI, indiquant qu'à une échelle plus large, la région connaît des améliorations de la densité de la végétation. Cependant, les données mettent également en évidence des zones préoccupantes où la perte de végétation, bien que limitée à 10 % de la région, suggère la nécessité d'interventions ciblées pour prévenir une dégradation supplémentaire et promouvoir la régénération dans ces zones. Dans cet intervalle de temps, 60 % de la zone est restée stable, sans changement significatif dans la couverture végétale. Cette stabilité, bien que positive pour éviter la dégradation, indique également que les améliorations sont localisées plutôt que généralisées.

En résumé, la région du Guéra présente des signes encourageants de régénération et de stabilité de la végétation. Cependant, des efforts continus sont essentiels pour consolider ces gains et s'attaquer aux zones de perte de végétation afin d'assurer une gestion durable des terres et une santé écologique à long terme.

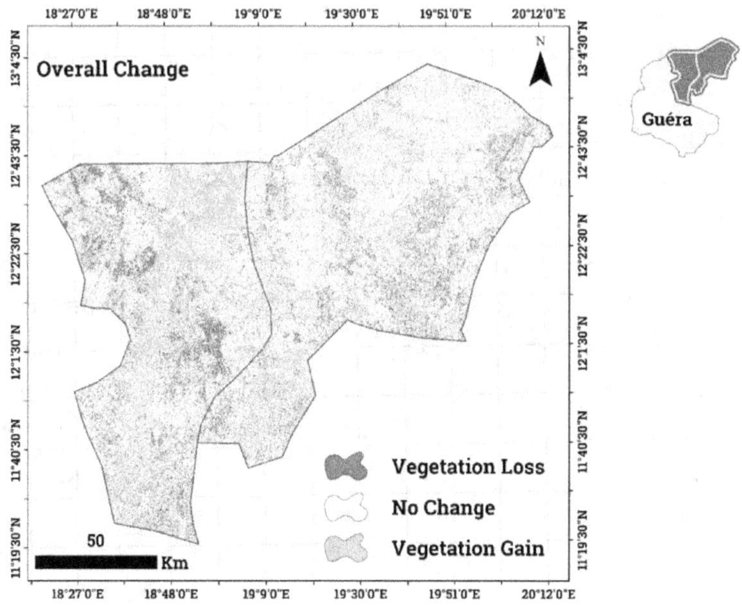

Figure 53: Carte des dynamiques spatiotemporelles globales de la végétation (Jan 2019 – Jan 2024)

La carte illustre la répartition spatiale des zones où la végétation a changé au cours de la période de cinq ans. Les zones marquées en rouge indiquent des régions où la végétation a diminué, tandis que les zones en vert représentent des régions avec un gain de végétation. Les zones en beige montrent les régions où il n'y a eu aucun changement significatif dans la densité de la végétation.

De manière générale l'analyse des dynamiques spatiotemporelles de la végétation dans la région du Guéra, en particulier au sein des départements de Mangalmé et de Guéra, de janvier 2019 à janvier 2024, révèle une tendance généralement positive dans la couverture végétale. L'augmentation légère de la valeur moyenne du NDVI indique une amélioration globale de la densité de la végétation à travers la région. Une portion significative de la zone (30 %) a connu des gains en végétation, ce qui suggère des pratiques de gestion des terres efficaces, une régénération naturelle ou des conditions environnementales favorables. Cependant, malgré ces améliorations, 10 % de la région a vu une diminution de la couverture végétale, soulignant une dégradation localisée. De plus, 60 % de la zone est restée stable, sans changement significatif dans la couverture végétale, ce qui pourrait être interprété comme un signe de résilience, bien que cela mette également en évidence la nécessité d'améliorations plus généralisées.

I.4. Manifestations des processus environnementaux sur la sécurité de la population et l'environnement

Différentes études ont montré que le changement climatique et les processus environnementaux ont des impacts significatifs sur la sécurité et constituent une véritable source de menace. Ces dernières années, un débat animé s'est développé pour déterminer si le changement climatique est une cause directe des conflits ou un facteur aggravant lorsqu'il interagit avec d'autres causes systémiques. Pour certains chercheurs, le consensus actuel semble être que le changement climatique exacerbe les conflits, mais n'en est pas la cause principale. Ainsi, le changement climatique est perçu comme un facteur qui interagit avec les dynamiques sociales, politiques et économiques, et c'est cette interaction qui influence les conflits (Brottem, 2016).

En se basant sur la thèse développée par Westing et ses collaborateurs (Cramer, 2011), les changements environnementaux et la diminution des ressources jouent un rôle significatif dans l'émergence des conflits armés. Les enquêtes menées ont établi des liens entre les changements climatiques, la dégradation de l'environnement et les questions de sécurité, mettant en lumière les passerelles entre ces facteurs.

- ***Le changement climatique comme facteur de migration***

Les crises climatiques et environnementales ont un impact sur les mouvements humains, tant à l'intérieur des pays étudiés qu'au-delà des frontières. Ces migrations climatiques ont pris de nombreuses formes : forcées et volontaires, temporaires et permanentes, internes et internationales (*United Nations, Department of Economic and Social Affairs, Population Division* (2019). *World Population Prospects : Highlights.* ST/ESA/SER.A/423). La très forte croissance démographique de l'Afrique centrale, la faiblesse de la gestion des ressources naturelles et l'impact du changement climatique ont exercé une pression considérable sur les moyens de subsistance des populations, entraînant entre autres une grande mobilité des populations (UNOCA, 2020). Les changements dans les schémas migratoires, dus à l'impact des crises climatiques, poussent les éleveurs à pénétrer plus profondément dans les zones traditionnellement dominées par les communautés agricoles[7].

En raison de la fréquence accrue des conflits liés à la transhumance (conflits d'usage du sol, accès aux pâturages, conflits culturels, etc.), de plus en plus d'agriculteurs et d'éleveurs sont lourdement armés, ce qui rend les conflits entre les deux communautés de plus en plus meurtriers. Ainsi, en RCA, les communautés agricoles se plaignent que les éleveurs se sont progressivement dotés d'armes à feu durant les deux dernières décennies, en réaction notamment à la prolifération des groupes armés sur le territoire national. Cela aurait provoqué un déséquilibre dans la gestion des conflits, avec une augmentation du recours aux intimidations et à la violence, aux dépens de mécanismes traditionnels de résolution des conflits liés à la transhumance.

---

7 Les directions, les distances et les périodes de migration des pasteurs varient suivant les pays et les périodes.

Ces facteurs ont agi profondément sur les pratiques agricoles et pastorales : augmentation des surfaces cultivées en lieu et place des anciens pâturages, descentes massives des éleveurs transhumants de la zone septentrionale vers le sud et nouvelles formes de mobilité des troupeaux pour s'adapter à la forte inégalité spatio-temporelle des ressources pastorales et hydriques (Sougnabe, 2003). Le changement climatique a donc constitué dans ces trois pays non seulement un terreau assez fertile pour l'émergence des conflits entre agriculteurs et éleveurs mais a contribué aussi de façon considérable à leur prolifération.

- ***Conflits autour de la gestion des ressources disponibles***

La crise climatique et environnementale exacerbe la compétition pour les ressources, notamment l'eau et les espaces de pâturage. Le Tchad, la RCA et le Cameroun font face continuellement et exponentiellement à des crises sécuritaires qui se traduisent par des conflits intercommunautaires liés aux effets du changement climatique (sécheresse, inondation, rareté de pluie, diminution des ressources naturelles, etc.) dans un contexte de croissance rapide de la population humaine et animale. Alors que la pression démographique et l'expansion des activités agricoles font progressivement avancer les terres agricoles au détriment des espaces de parcours naturels dévolus à l'élevage, de nouveaux besoins d'espace de parcours émergent d'autant que les activités pastorales dans la région progressent (Reounodji, 2003).

Le changement climatique a contribué de manière significative à l'augmentation de la vulnérabilité des communautés, en particulier des communautés agricoles et d'éleveurs en raison de leur dépendance directe aux ressources naturelles qui manquent de plus en plus. Le changement climatique et son corollaire, la dégradation de l'environnement, constituent un véritable risque pour la paix et la sécurité car ils ont un impact sur la sécurité des personnes, des communautés et des États de différentes manières.

En outre, en partie à cause du changement climatique, les couloirs de transhumance traditionnels ne sont plus respectés, souvent, en violation des accords existants[8].

Aussi, du fait de la diminution des rendements agricoles, les agriculteurs s'étendent dans les couloirs de transhumance où les terres sont fertiles. Bien que les défis sécuritaires du pastoralisme ne soient pas de même intensité au Cameroun, au Tchad et en RCA, ils ont deux dénominateurs communs : la nécessité pour les pouvoirs publics de prendre en compte ce problème et l'impératif

---

8 Les mouvements de transhumance sont traditionnellement très prévisibles. En fonction des saisons, les éleveurs empruntent des sentiers et des pâturages sur lesquels toutes les parties prenantes se sont mises d'accord.

d'une régulation de la transhumance qui inclut les différents acteurs concernés.

Les conflits intercommunautaires sont récurrents dans les trois pays couverts par l'étude. Dans un rapport publié en juillet 2021, l'ONU avait affirmé que les affrontements intercommunautaires au Tchad auraient fait 309 morts, 182 blessées et plus de 6.000 déplacés.

Au Cameroun, les rapports entre éleveurs Mbororo et agriculteurs dans les zones couvertes par l'étude, sont de plus en plus conflictuels. *« Les bœufs détruisent nos cultures »*, témoigne une agricultrice du village, dont les champs sont limitrophes au campement des éleveurs Mbororo. Le Haut-Commissariat des Nations Unies pour les Réfugiés (HCR) a estimé en 2021 que plus de 85.000 Camerounais ont fui vers le Tchad voisin ces derniers temps, tandis qu'au moins 15.000 Camerounais ont été contraints de quitter leur foyer à l'intérieur de leur pays.

Selon les résultats de nos enquêtes, l'escalade de la violence entre éleveurs et agriculteurs au Tchad, au Cameroun et en Centrafrique s'explique par l'effet conjugué de la croissance démographique rapide, de la circulation des armes et du changement climatique.

Dans cette étude, les terres et les ressources naturelles sont considérées comme étant des problèmes au cœur du lien entre climat-sécurité-environnement. Les données des enquêtes analysées identifiaient les éléments suivants comme étant les causes du conflit :

(1) mauvaise gestion des ressources ;

(2) raréfaction de ressources.

Ceci vient corroborer les résultats d'autres analyses récentes mais moins systématiques. Il semblerait également que certaines études attribuent davantage les incidences sécuritaires du changement climatique à la pénurie de ressources (Seter *et al.*, 2018).

Deuxième partie :
Arsenal juridique et engagement des Etats face au Nexus Climat-Sécurité-Environnement au Cameroun, en Centrafrique et au Tchad

2.2.   **II.1. Architecture normative et institutionnelle de protection de l'environnement**

Les engagements juridiques des États en matière de changement climatique et de protection de l'environnement reposent sur un cadre juridique riche à l'échelle internationale, communautaire et nationale. Cependant, la mise en œuvre effective de ce cadre juridique reste insuffisante. Le réchauffement climatique impacte ces États, les incitant à participer à l'élaboration de cadres juridiques et institutionnels pour contrer ces défis.

II.1.1. Cadre normative de lutte contre les changements climatiques et la dégradation de l'environnement

Le cadre juridique dans les États étudiés est enrichi par leurs participations aux négociations et à la signature d'accords internationaux et communautaires, ainsi que par l'élaboration de nombreux textes nationaux visant à lutter contre les changements climatiques et à protéger l'environnement.

II.1.1.1. Instruments juridiques internationaux et communautaires

a) Accords multilatéraux

Il s'agit entre autres de la Déclaration de Stockholm de 1972, mais également d'autres Conventions adoptées dans le cadre onusien :

- **La Déclaration de Stockholm de 1972**

Dans son Principe I, la Déclaration de 1972 prévoit que *« l'homme a le droit fondamental à la liberté, à l'égalité et à des conditions de vie suffisante dans la dignité et le bien-être. Il a le devoir solennel de protéger l'environnement pour les générations futures et présentes »*. Cette formule marque la prise de conscience pour les Etats, que le droit à un environnement sain est un véritable doit fondamental.

- **Convention-Cadre des Nations Unies sur les Changements Climatiques de 1992**

La CCNUCC a été adoptée à l'occasion du Sommet de Rio de Janeiro de 1992 dans le contexte des changements climatiques. Sur la base du principe des responsabilités communes mais différenciées mentionnée aux articles 3 et 4, les Parties sont tenues de souscrire à des engagements de réduction de GES, mais *« en tenant compte de la spécificité de leurs priorités nationales et régionales du développement »* (de l'article 12 de la CCNUCC).

Le Cameroun, la RCA et le Tchad sont Parties à la Convention CCNUCC. Les engagements de ces pays portent notamment sur : les inventaires nationaux des émissions anthropiques, des stratégies d'atténuation de ces émissions, l'élaboration et la mise en œuvre des mesures d'adaptation aux changements climatiques, de l'évaluation et le transfert de technologie, les difficultés et les lacunes, l'appui nécessaire, ainsi que d'autres informations jugées utiles pour atteindre les objectifs, conformément aux dispositions de l'article 2.

- **Protocole de Kyoto à la CCNUCC de 1992**

Le Protocole de Kyoto entré en vigueur le 16 février 2005, est un texte contraignant au sens de la Convention de Vienne sur le droit des traités de 1969. L'article 3, paragraphe 1 fixe des engagements chiffrés de la part des pays industrialisés. Pour faciliter la mise en œuvre du Protocole de Kyoto, il a été inventé des mécanismes dit de « flexibilité » tels que la mise en œuvre conjointe (MOC) et le Mécanisme de Développement Propre (MDP). Ces mécanismes devront contribuer à la réduction des GES dans les Etats développés par l'exécution dans les pays en voie de développent des projets d'absorption et de réduction de GES. C'est « *un instrument qui contient des obligations plus précises et plus contraignantes que la CCNUCC* » (Du Bois, 2005).

- **Accord de Paris de 2015**

L'objectif principal de l'Accord de Paris est de limiter le réchauffement du climat à moins de 2°C, en visant la barre de 1,5° C. Le Cameroun, la RCA, et le Tchad ont tous ratifié respectivement, le 12 juillet 2016, le 11 octobre 2016 et le 12 janvier2017.

Alors que la CCNUCC marque une dualité normative, et n'impose de réductions chiffrées des émissions des GES qu'aux pays développés (Hamrouni, 2015), l'Accord de Paris a fait obligation à toutes les Parties de participer à l'effort collectif de riposte mondiale aux changements climatiques par le truchement de Contribution Déterminée au niveau National (CDN). Cette obligation est néanmoins assortie, dans l'Accord de Paris de responsabilités renforcées à l'égard des pays développés, lesquels doivent notamment (Mekouar, 2018) :

1) Parvenir plus rapidement au plafonnement des GES ;

2) Assumer des objectifs de réduction des émissions en chiffres absolus (article 4-4) ;

3) Fournir des soutiens financiers aux pays en développement aux fins de l'atténuation comme de l'adaptation (article 9-9) ;

4) Renforcer l'appui au renforcement des capacités dans les pays en développement (article 11-3).

Au titre de l'Accord de Paris, les Gouvernements sont censés remettre les nouvelles CDN au Secrétariat de la CCNUCC, tous les cinq (5) ans. Chaque nouvelle contribution doit représenter une progression, par rapport à la Contribution Nationale Déterminée précédente (Accord de Paris, article 4.2 ; 4.3 et 4.9).

Dans sa Contribution Nationale Déterminée (CDN), le Cameroun prévoit une réduction des émissions des GES à hauteur de 32% (parmi lesquelles 11% inconditionnelle et 21% conditionnée par l'appui de la communauté internationale) par rapport au scenario de référence pour l'année cible 2035 (sous forme de financement d'actions de renforcement de capacité).

La RCA quant à elle, a élaboré sa CDN en 2015. Ce document a été révisé en 2021 afin de prendre en compte les nouveaux défis environnementaux et s'aligner au mieux sur les efforts universels contre les changements climatiques. Avec la mise en œuvre de sa CDN révisée, la RCA ambitionne de réduire sous certaines conditions, les émissions de GES de 14,64% d'ici 2025 et de 24,8% d'ici 2030 (PNUD, 2023).

Dans sa CDN révisée de 2022, le Tchad précise qu'il va pouvoir parvenir à une « réduction inconditionnelle de 18,2% des émissions du pays par rapport au scénario de référence à l'horizon 2030. Et une réduction conditionnelle de 71% des émissions à l'horizon 2030 ».

- Convention de Ramsar sur les zones humides

La Convention sur les zones humides d'importance internationale, plus connue sous le nom de Convention de Ramsar (21 décembre 1975) est un traité international qui prône la conservation et l'utilisation rationnelle des zones humides. C'est « *le seul traité mondial portant sur un seul écosystème.* La Convention de Ramsar sur les zones humides a été ratifiée par le Cameroun et entrée en vigueur le 20 juin 2006. La RCA l'a ratifié en 2019, mais « *à ce jour, les institutions nationales prévues par elle ne sont pas mises en place* » (IFDD, 2021). Le Tchad a ratifié cette Convention en 1999 et dispose d'une vingtaine de sites inscrits sur la liste des zones humides d'importance internationale. *« Il n'existe pas d'institutions spécifiques ou de procédures particulières pour la mise en œuvre de la Convention de Ramsar ».* Le Cameroun dispose de sept sites Ramsar, tandis que la RCA en compte deux.

- La Convention sur la Diversité Biologique et le Protocole de Carthagène sur la Prévention des risques Biotechnologiques

La Convention sur la diversité biologique a été adoptée à Nairobi en 1992 (le Cameroun a ratifié la Convention le 19 octobre 1994, la RCA le 15 mars 1995, et le Tchad le 30 avril 1993). Elle est entrée en vigueur le 29 décembre 1993 (Secrétariat de la Convention sur la diversité biologique, 2000). La prévention des risques biotechnologiques est l'un des problèmes auxquels s'intéresse cette Convention (protection de la santé humaine et l'environnement, contrôle des effets potentiellement défavorables des produits liés aux biotechnologies).

Le Protocole connu sous le nom de Protocole de Carthagène sur la prévention des risques biotechnologiques de la Convention sur la diversité biologique a été mis au point et adopté à Montréal le 29 janvier 2000. Le Protocole institue un cadre règlementaire à l'échelle internationale pour concilier les impératifs commerciaux et la protection de l'environnement en regard de l'industrie de la biotechnologie (Secrétariat de la Convention sur la diversité biologique, 2000). Il crée également un contexte favorable à l'utilisation sensée et respectueuse de l'environnement des biotechnologies.

b) Accords communautaires régionaux et sous régionaux

On note le manque des accords spécifiques sur les changements climatiques, mais il existe de nombreux accords et instruments de politique environnementale.

- **Convention africaine sur la conservation de la nature et des ressources naturelles de 1963**

Cette convention a été adoptée à Alger le 15 septembre 1968, elle a une portée générale en matière de conservation de la nature et des ressources naturelles. Elle est entrée en vigueur le 07 mai 1969 (Kamto, 1991). Le Cameroun a ratifié cette convention le 29 septembre 1978 ; la RCA le 16 mars 1970 et le Tchad le 14 octobre 1977.

- La Convention d'Alger de 1968 a été modifiée substantiellement par la convention de Maputo du 11 juillet 2003 en vue de l'adapter à l'évolution des connaissances scientifiques, techniques et juridiques. Cette modification se traduit par « *l'intégration des concepts les plus moderne tels que : le développement durable et des mécanismes innovants institutionnels et de contrôle ».*

- **Le Plan d'action Environnement de NEPAD**

La composante environnement du NEPAD a pour but d'améliorer les conditions environnementales du continent, afin de contribuer à la réalisation de la croissance économique et de l'éradication de la pauvreté. Ce plan est constitué d'un ensemble d'actions et de responsabilités collectives que les pays africains doivent adopter et mettre en œuvre pour conserver l'intégrité de leur environnement et assurer l'utilisation durable de leurs ressources grâce à des partenariats avec la communauté internationale (FOFANA C, 2016). Il représente aussi la réponse de l'Afrique à l'application du plan d'action de Johannesburg adoptée par le Sommet Mondial sur le Développement Durable (FOFANA C, 2016).

- **La politique environnementale de la Banque Africaine de Développement (BAD)**

La Banque a adopté sa politique environnementale en 1990 un ensemble de procédures d'évaluation environnementale et sociale en 2001 et une politique révisée sur l'environnement en 2003.

Ce système de sauvegarde permet à la BAD d'être mieux équipée pour traiter les défis environnementaux et ceux du développement social (Sauvegarde intégrée et la durabilité, 2013).

- **Les organisations d'intégration régionales ou de coopération économique CEEAC (Communauté Economique des Etats de l'Afrique Centrale) de la Communauté Economique et Monétaire d'Afrique Centrale (CEMAC),** ont élaboré des politiques environnementales régionales.

La CEEAC a défini un cadre général de coopération en matière d'environnement et de gestion des ressources naturelle au niveau de l'Afrique centrale. Cette politique confère à la CEEAC, le rôle de coordination, d'harmonisation des actions régionales en matière d'environnement et de gestion des ressources naturelles, de façon à garantir une cohérence d'actions aussi bien institutionnelles qu'opérationnelles sur le terrain en collaboration avec la CEMAC (DOUKPOLO B, 2016).

Pour la CEMAC, les politiques régionales ainsi que les instruments d'opérationnalisation recensés figurent dans l'axe 2 « Gouvernance et stabilité macro-économique », du Programme de la CEMAC de 2010-2025 : le Programme Economique Régional (PER) dans lequel il y a (la politique environnementale de la CEMAC, la politique régionale sur l'accès aux services énergétiques, stratégie régionale de réduction de la pauvreté...), (DOUKPOLO B, 2026).

De nombreux règlements ont été adoptés, il y a :

- ➢ Règlement n° 09/5-UEAC-143-CM-13 du 7 février 2005 portant adoption de la réglementation commune sur le contrôle de la consommation des substances appauvrissant la couche d'ozone dans l'espace CEMAC.

- ➢ Règlement N°10/12-UEAC-CPAC-CM-23 du 22 juillet 2012 portant disposition spécifique à l'application de la Règlementation commune sur les pesticides en Afrique Centrale.

- ➢ Règlement N°09/06-UEAC-144-CM-14 portant adoption de la réglementation commune sur l'homologation des pesticides dans l'espace CEMAC.

Il existe également d'importantes décisions prises par le Conseil en matière de protection de l'environnement.

- ➢ Décision N°115/07-UEAC-187-CM-16 donnant mandat au Président de la Commission de négocier, avec le Fonds Mondial de l'Environnement, la mise en place du Projet de « *Renforcement des capacités des pays de la CEMAC pour la formulation et la mise en œuvre d'un Cadre réglementaire sous régional harmonisé à partir des Instruments juridiques nationaux pour la gestion des risques des OGM* ».

- ➢ Décision N°1/94-CEBEVIRHA-018-CE-29 du 16 mars 1994 autorisant la mise en circulation du passeport pour le bétail et du certificat international de transhumance et fixant les modalités de son application.

➤ Décision N°97/07-UEAC-070 U-042-CM-16 portant création de Centres de coopération Policière, douanière et environnementale en zone CEMAC.

➤ Décision N°49/03-UEAC-114-CM-10 donnant mandat au Secrétaire Exécutif de signer avec la COMIFAC un Accord de Coopération.

- **La Commission du Bassin du Lac Tchad (CBLT)**

La CBLT a aussi adopté un plan de développement et d'adaptation au changement climatique. Adopté le 13 novembre 2015 à Yaoundé au Cameroun, sa mise en œuvre est évaluée à plus six cent milliards de francs.

L'adoption des règlements, décisions ou encore des directives spécifiques à la protection de l'environnement est une option pour la mise en œuvre d'une politique environnementale.

II.1.1.2. Instruments juridiques nationaux

L'article 6 de la CCNUCC encourage les États à adopter, au niveau national, des normes pour lutter contre les changements climatiques et protéger l'environnement. En réponse, les États ont intégré ces principes dans leurs constitutions et ont élaboré des lois infra-constitutionnelles dédiées à la protection de l'environnement.

a) Consécration constitutionnelle de la protection de l'environnement

Les Constitutions nationales intègrent désormais « *presque systématiquement une ou plusieurs références à l'environnement sain, aux objectifs environnementaux ou climatiques, aux compétences climatiques ou au droit de l'environnement* » (Petel, 2020).

- Constitution camerounaise du 18 janvier 1996

La Constitution du 2 juin 1972, prévoit dans son Préambule que « *toute personne a droit à un environnement sain* ». Par la Constitution de 18 janvier 1996, (loi N° 96/06 du 18), le constituant camerounais a fait de l'environnement un droit fondamental de l'homme dont la mise en œuvre suppose l'action concertée de tous les acteurs économiques et sociaux. Ainsi, « *toute personne a droit à un environnement sain* », « *la protection de l'environnement est un devoir pour tous* », « *l'Etat veille à la défense et à la protection de l'environnement* ».

- Constitution Centrafricaine du 30 mars 2016

La Constitution Centrafricaine du 27 décembre 2004 (Loi n°4392), garantit la gestion rigoureuse et transparente de l'environnement comme « *condition inébranlable du développement durable* ». En outre, dans le cadre constitutionnel de l'environnement, « *la latitude est laissée aux collectivités, ainsi [qu'à] tous les citoyens d'assurer la protection du patrimoine de la nation* ».

175

La Constitution du 30 mars 2016 consacre *le droit des citoyens à un environnement sain* dans son article 11, tandis que l'article 80 renvoie au domaine de la loi sur la protection de l'environnement et la gestion des ressources environnementales. Aucune référence n'est faite à la diversité biologique et aux changements climatiques.

-   **Constitution Tchadienne du 29 décembre 2023**

La Constitution du 29 décembre 2023 reconnaît aux articles 51, 52 et 57 la valeur de l'environnement au Tchad. L'article51 dispose que : « *Toute personne a droit à un environnement sain* ». L'article 52 ajoute que : « *L'Etat et les collectivités décentralisées doivent veiller à la protection de l'environnement* ». On trouve aussi à l'article 57 qui dispose que : « *La protection de l'environnement est un devoir pour tous. [...] Tout dommage causé à l'environnement doit faire l'objet d'une juste réparation* ».

b) Textes infra-constitutionnels de protection de l'environnement

De nombreux textes juridiques ont été élaborés dans le cadre de la gestion rationnelle des ressources naturelles et la protection de l'environnement.

-   **Textes législatifs et règlementaires relatifs à l'environnement au Cameroun**

Au Cameroun, il s'agit principalement de la loi n° 96/12 du 05 août 1996 portant gestion de l'environnement appelée la loi cadre. Il est question de la protection de l'environnement afin d'éviter la pollution atmosphérique, la protection des eaux continentales et des plaines d'inondation, du littoral, et des eaux maritimes dans le but de limiter la pollution de l'eau et des espèces qui s'y trouvent. La protection des établissements humains, des sols, de sous-sol et les richesses qui s'y trouvent.

Il en est de même loi n° 2005, portant sur les modalités de réalisation des études d'impact environnemental et son décret d'application n° 2005/0577/PM du 23 février 2005. Ce décret, clarifie mieux les modalités de réalisation des études d'impact environnemental.

La Loi n° 94/01 du 20 janvier 1994 portant régime des forets, de la faune, et de la Pèche, (article 1) vise à atteindre les objectifs généraux de la politique forestière, de la faune et de la pêche, dans le cadre d'une gestion intégrée assurant de façon soutenue et durable la conservation desdites ressources et différents écosystèmes.

La Loi n° 2003/003 du 21 avril 2003 portant protection phytosanitaire (de la quarantaine végétale, de la surveillance phytosanitaire, de la lutte phytosanitaire).

S'agissant des instruments règlementaires, il existe le décret n° 2001/718/PM du 1er novembre 2001 portant

177

organisation et fonctionnement du comité interministériel de l'environnement.

Décret n° 2011/2584/PM du 23 août 2011 fixant les modalités de protection des sols et du sous-sol (protection contre l'érosion et la désertification, contre la perte des terres arables contre la perte des sols et des ressources par les produits chimiques, les pesticides et les engrais).

Décret n° 2015/1373/PM du 08 juin 2015 fixant les modalités d'exercice de certaines compétences transférées par l'Etat aux communes en matière d'environnement. Le décret précise que ces compétences s'exercent dans le respect strict des dispositions légales et règlementaires.

- **Textes législatifs et règlementaires relatifs à l'environnement en RCA**

Le Code de l'environnement de 2007[9] précise à l'article 1que *« la présente loi a pour objet de définir le cadre juridique de la gestion de l'environnement »*. Ce Code institue l'étude d'impact préalable en sa section 87, pour tout projet qui *« risque de porter atteinte à l'environnement »*.

Dès l'année 1984, un Code de la protection de la faune a été adopté, ainsi qu'un Code forestier, du 09 juin 1990[10].

---

9 Loi n° 07/018 du 28 décembre 2007
10 Remplacé par un nouveau Code forestier en 2008.

La nouvelle loi N°08.22 du 17 octobre portant révision du Code forestier, dont un certain nombre de dispositions traduisent un effort de conciliation de la protection et de pérennisation de la diversité biologique avec la prise en compte des besoins sociaux et économiques des populations locales (CGES, 2019).Il y a également la loi N° 03 du 04 janvier 2003 relative à l'hygiène de l'environnement en RCA (pollution du sol de l'air et des eaux), à la gestion des déchets solides et liquides, à l'hygiène de l'habitat et de l'eau.

- **Textes législatifs et règlementaires relatifs à l'environnement au Tchad**

La loi n°014/PR/PM/98 du 17 aout 1998 définissant les principes généraux de la protection de l'environnement, chapeaute la politique nationale de protection de l'environnement au Tchad (CGES, 2021). L'objectif principal de cette loi est d'établir les principes pour la gestion durable de l'environnement et sa protection contre toutes les formes de dégradation afin de sauvegarder, de valoriser les ressources naturelles et d'améliorer les conditions de vie de la population. Cette loi a été abrogée par la loi n° 23/CNT/2024 du 15 octobre 2024 portant protection de l'environnement, pour faire face aux nombreux défis environnementaux à savoir la désertification, le changement climatique avec ses effets néfastes qui affectent les conditions de vie des populations et leurs moyens.

Cette loi a été abrogée par la loi n° 23/CNT/2024 du 15 octobre 2024, pour faire face aux nombreux défis environnementaux à savoir la désertification et le changement climatique avec ses effets néfastes qui affectent les conditions de vie des populations et leurs moyens. On peut citer également, la loi n° 14/PR/2008 du 10 juin 2008 portant régime des Forêts, de la faune et des ressources halieutiques. Les articles 3, 27, et 83 à 92, confirment la protection de la nature et de la biodiversité, ainsi que le respect des principes de gestion durable des forêts et encadrent les défrichements qu'ils soient naturels ou mécanisés. Le Code d'hygiène de l'Ordonnance n°11-014 du 28-02- 2011, dans ses articles 3 à 24 prévoit d'assurer l'hygiène de l'environnement (pollution des eaux, des sols, de l'air), de la gestion des déchets solides et liquides, une hygiène de l'habitat et la... L'Ordonnance n°004/PR/2018 du 21 février 2018 portant Code minier exige des exploitants de carrières (article 24 et 66) la production d'un programme de protection et de gestion durable comprenant un schéma de réhabilitation des sites exploités.

Plusieurs textes d'application ont été pris à l'exemple du Décret n°904/PR/PM/MERH/2009 du 06 août 2009 portant réglementation des pollutions et nuisances à l'environnement ; du Décret n°378/PR/PM/MAF/2014 du 05 juin 2014 portant promotion de l'éducation environnementale. Le Décret n° 630

/PR/PM/MERH/2010 portant réglementation des études d'impacts sur l'environnement.

Les Etats ont construit également une architecture institutionnelle pour la mise en œuvre des instruments juridiques de lutte contre les changements climatiques et la protection de l'environnement.

II.1.2. Cadre institutionnel de lutte contre les changements climatiques et de protection de l'environnement

Il existe de nombreuses institutions à différents niveaux : international, communautaire, régional, sous régional et national. Pour cette étude, une attention particulière est accordée aux institutions communautaires régionales, sous régionales, et nationales, qui sont prioritaires pour l'analyse.

II.1.2.1. Institutions communautaires régionales et sous régionales

Le rôle joué par les organisations régionales et sous régionales dans l'intégration du droit international de l'environnement et l'importance croissante qu'elles accordent du volet environnemental dans le processus d'intégration économique de la sous-région témoignent des efforts accomplis en matière d'appropriation et de valorisation de ce droit (Oumba, 2012). Ainsi, il existe des institutions sous-régionales et nationales de mise en œuvre des politiques environnementales.

a) Institutions communautaires régionales et sous régionales

Au niveau africain, on peut citer la Conférence Ministérielle Africaine sur l'Environnement (CMAE) qui définit l'agenda environnemental en Afrique. Elle est créée en 1985, la Conférence réunit les gouvernements africains, les institutions et les partenaires de développement pour élaborer des politiques visant à résoudre les problèmes environnementaux les plus pressants du continent.

L'Afrique centrale est caractérisée par une diversité institutionnelle dans de protection de l'environnement. Les pays de la CEEAC s'appuient sur les institutions spécialisées qui sont : Pool Energétique d'Afrique Centrale (PEAC) ; La Commission de pêche de Golf de Guinée ; Commission des Forets d'Afrique centrale (COMIFAC) ; l'Organisation Afrique du Bois (OAB)…

On peut citer l'Organisation pour la Conservation de la Faune en Afrique Centrale (OCFSA), la Conférence sur les Ecosystèmes Forestiers Denses et Humides d'Afrique Centrale (CFDHAC), l'Association pour le Développement de l'information Environnementale (ADIE), le Réseau des Aires Protégées d'Afrique Centrale (RAPAC), la Commission du Bassin de Congo (CBC), la Commission du Bassin de Lac Tchad (CBLT)…

Chacune de ces institutions étant spécialisée sur des thématiques pertinentes pour la région, elles ont toutes un rôle à jouer dans la préservation et la gestion durable de l'écosystème naturel.

Plusieurs projets et programmes ont été conçus dans le cadre de la CEMAC. C'est le cas par exemple du programme ECOFAC (Programme de Conservation des Ecosystèmes Fragilisés d'Afrique Centrale), dont la mise en œuvre porte sur la constitution d'aires protégées, le renforcement des capacités et la gouvernance environnementale.

Dans le cadre de la protection des forêts en Afrique Centrale, la Commission des Forets d'Afrique Centrale (COMIFAC), produit notamment plusieurs instruments portant essentiellement sur la flore. Elle définit les politiques sous régionales en matière de forêts (Emanuel, 2007).

b) Institutions nationales

On peut classer les institutions nationales intervenant en matière de lutte contre les changements climatiques et protection de l'environnement en deux catégories : les institutions ministérielles (**1**) et les institutions spécialisées (**2**).

1) Institutions ministérielles

Dans les trois Etats concernés par l'étude. La question de l'environnement est du ressort du ministère de l'Environnement. D'autres ministères interviennent sur des aspects transversaux.

Les institutions ministérielles camerounaises intervenantes en matière de l'environnement : Le ministère de l'Environnement, de la Protection de la Nature et du Développement Durable (MINEPDEP) qui représente le Gouvernement Camerounais pour toutes les activités relatives à la CCNUCC et au Protocole de Kyoto aux termes du décret n° 2005/117 du 14 avril 2005 modifié et complété par le décret n° 2005/496 du 31 décembre 2005. Bien d'autres ministères interviennent activement pour soutenir les actions pour l'environnement (ministère des Forêts et de la Faune, Ministère de la Défense depuis la réforme de 2001).

Les institutions ministérielles centrafricaines intervenantes en matière de l'environnement : Le ministère de l'Environnement et du Développement Durable (MEDD) avec son bras technique qui est la Coordination Nationale Climat (CNC). Ce ministère est accompagné par d'autres ministères qui le soutiennent dans ses missions comme le ministère des Eaux et Forêts Chasse et Pêche (MEFCP).

Les institutions ministérielles tchadiennes intervenant dans le domaine de l'environnement : la politique environnementale au Tchad est mise en œuvre par le ministère de l'Environnement, de la Pêche et du Développement Durable. Ce ministère est le responsable opérationnel en matière de gestion de l'environnement et des ressources naturelles.

2) Institutions spécialisées

Les institutions spécialisées désignent celles qui sont exclusivement dédiées à la protection de l'environnement.

Les institutions environnementales spécialisées du Cameroun : dans le cadre institutionnel de lutte contre les changements climatiques, on peut noter l'Observatoire National sur les Changements Climatiques (ONACC), organe crée en 2009 par Décret n° 2009/410 du 10 décembre 2009. Cet organe est placé sous la tutelle technique du ministère chargé de l'environnement. L'ONACC a pour mission de « *suivre et d'évaluer les impacts socio-économiques et environnementaux, des mesures de prévention et/ou d'atténuation aux effets néfastes et risques liés à ces changements* » *(*Oumba, 2009*) Il « collecte, traite et diffuse l'information sur l'évolution du climat* ».

La Direction de la Météorologie Nationale est en charge de l'élaboration et de la mise en œuvre de la politique du gouvernement en matière de météorologie, ainsi que de la collecte, du traitement et de la diffusion des informations météorologiques (Oumba, 2009).

Le Comité National du MDP, est créé par décision ministérielle n° 009/MINEP/CAB du 16 janvier 2006. Il est « chargé de la mise en œuvre du Mécanisme pour un développement propre (MDP) en lien avec la CCNUCC et le Protocole de Kyoto.

Les institutions environnementales spécialisées de la RCA : en Centrafrique, le mécanisme institutionnel de mise en œuvre de la CCNUCC comprend les organes ci-après : La Direction Générale de l'Environnement, la Coordination National Climat (structure chargée de la mise en œuvre de la CCNUCC). En effet, trois organes semi-autonomes relevant du ministère de l'Environnement qui sont mentionnées dans le Code de l'environnement (Fonds National de l'Environnement, l'Agence Centrafricaine de l'Environnement et du Développement Durable-ACEDD et la Coordination National Climat-CN Climat)

Toutes ces structures ne sont pas dotées des moyens humains, financiers et matériels suffisants pour s'acquitter correctement de leurs missions.

Les institutions environnementales spécialisées du Tchad : l'Etat tchadien a créé en 2018 une Direction de l'Éducation Environnementale et de la Lutte contre les Changements Climatiques (DEELCC) par le Décret N° 1472/PR/MEEP/2018 du 01 août 2018, portant organigramme du ministère de l'Environnement, de l'Eau et de la Pêche. Cette Direction, est chargée d'élaborer des programmes de recherche et de renforcement des capacités relatifs à l'adaptation aux changements climatiques avec les services concernés.

Il s'agit aussi de la création de l'Autorité Nationale Désignée (AND) auprès du Fonds vert climat (FVC) créée par Décret No 1561/PR/MEEP/2018 est chargée de veiller à la mise en œuvre des décisions prises par le Conseil d'Administration du Fonds vert pour le climat et de contribuer à la mobilisation de financements au profit des secteurs public et privé, des collectivités territoriales décentralisées, des organisations de la société civile et des partenaires au développement.

2.3.   II.2. Ineffectivité de la mise en œuvre du cadre juridique et institutionnel

Les obstacles à la lutte contre les changements climatiques incluent principalement les insuffisances des cadres juridiques et institutionnels, ainsi que les limitations en moyens techniques et financiers.

II.2.1. Insuffisances légales et institutionnelles de la lutte contre les changements climatiques dans les trois pays

Il est à noter ici l'absence d'un cadre juridique spécifique aux changements climatiques et des institutions efficaces de lutte contre les changements climatiques.

II.2.1.1. Absence d'un cadre juridique spécifique aux changements climatiques et des tribunaux spécialisés en matière d'infractions environnementales

La mise en application de la CCNUCC au Cameroun, en RCA et au Tchad souffre « *d'un vide juridique* » causé par l'absence d'un cadre juridique et des lois spécifiques sur les changements climatiques.

Il existe dans les législations de ces pays des textes à objectifs généraux, encadrant dans la plupart des cas le secteur environnemental. Les principaux textes relatifs à la lutte contre les changements climatiques et la protection de l'environnement sont entre autres : la loi n° 96/12 du 5 août 1996 sur la gestion de l'environnement au Cameroun, la loi n° 07/018 du 28 décembre 2007 portant Code de l'environnement en RCA ou alors la loi n°014/PR/PM/98 du 17 aout 1998 définissant les principes généraux de la protection de l'environnement au Tchad. Tous ces textes « *comportent des extraits* » sur le climat et l'atmosphère, la lutte contre la pollution. Ce qui semble « *insuffisant dans la mesure où, ces extraits se limitent à évoquer la protection de l'atmosphère. Elles devraient donc être compléter par des lois sectorielles* » (Ngono, 2015). Les textes législatifs ne traitent exclusivement que des questions liées à la biodiversité et n'apportent aucune réponse précise aux préoccupations issues de la gestion des changements climatiques. Ils demeurent insuffisants en raison des faiblesses du corpus législatif et des retards dans l'élaboration des textes d'application des lois. De plus, les mesures législatives ayant pour finalité de lutter spécifiquement contre les changements climatiques sont inexistantes, ainsi que les stratégies nationales de lutte contre les changements climatiques élaborées trop tardivement.

Le caractère laconique des textes apparaît par exemple, dans certains aspects pratiques énumérés dans la CCNUCC, qui devraient induire la réduction substantielle des émissions des GES, mais qui n'ont pas été convenablement internalisés. Dans les principaux textes de protection de l'environnement de ces trois pays, on constate l'absence des mesures d'application des normes relatives à la mise en œuvre de l'article 12 du Protocole de Kyoto relative au « mécanisme pour le développement MDP ». Le problème de financement subsiste toujours. (Amidou Yekini, 2019), puisque la responsabilité principale des Etats en voie de développement dans la mise en œuvre de la CCNUCC, consiste entre autres à aider les Etats pollueurs à se débarrasser des émissions des GES (article 12 paragraphe 1 de Protocole de Kyoto).

L'Accord de Paris prévoit que « *les Etats doivent promulguer des mesures législatives efficaces en matière d'environnement. Et que les normes écologiques et les objectifs et priorités pour la gestion de l'environnement doivent être adaptés à la situation en matière d'environnement et de développement à laquelle ils s'appliquent* ». Cette disposition laisse transparaitre la nécessité pour les Etats d'entreprendre des réformes de leurs cadres législatifs de lutte contre les changements climatiques. Le constat est clair : « *nombreuses sont les lois qui sont élaborées pour la protection de l'environnement et mises à contribution dans la lutte contre les changements climatiques. Pour autant qu'elles soient pertinentes,* [elles] *ne sont pas pour la plupart efficaces dans le contexte des changements climatiques »* (Amidou Yekini), 2019 En outre, il n'existe pas non plus dans les trois pays des tribunaux spécialisés en matière d'infractions environnementales. En RCA par exemple, ce sont les tribunaux judiciaires ordinaires qui en ont la compétence. Il n'existe pas de parquet spécialisé pour les poursuites pénales sur l'environnement dont l'instruction relève actuellement du tribunal pénal ordinaire. Le droit d'accès à la justice n'est pas prévu par la Constitution (IFDD, 2021).

Il en est de même pour le Tchad, où certains tribunaux ont rendu quelques décisions relatives à la pollution dans les champs pétroliers. Les décisions *« sont peu nombreuses en raison du recours à la transaction et du manque général de confiance en la justice »* (IFDD, 2021) Au Cameroun, *« des structures non juridictionnelles pour prendre une décision sont prévues »,* c'est le cas du ministère de la Faune et de la Flore qui a rendu quelques décisions sur des cas de braconnage ou de chasse des espèces protégées (IFDD, 2021)

Les cadres institutionnels de la lutte contre les changements climatiques souffrent également de quelques insuffisances susceptibles de freiner les engagements des états.

II.2.1.2. Insuffisances institutionnelles de la lutte contre les changements climatiques

Au Cameroun, l'Observatoire National sur les Changements Climatiques (ONACC), organe placé sous la tutelle technique du Ministère chargé de l'environnement, est créé par un acte règlementaire, alors que l'encadrement aussi bien juridique qu'institutionnel en matière de protection de l'environnement devrait être fondé sur une base législative pour une meilleure protection. De plus, le retard pris par l'Exécutif dans la prise de décret d'application pose des problèmes. L'ONACC a été créé en 2009, *« mais c'est en 2015, quelque temps avant la COP 21 à Paris, que le Chef de l'Etat a signé d'autres textes d'application du décret sus évoqué »* (Mevono Mvogo, 2016).

En RCA, la Coordination Nationale Climat, qui est une structure nationale chargée de la mise en œuvre de la CCNUCC, n'est pas dotée des moyens humains, financiers et matériels suffisants pour s'acquitter correctement de sa mission (Contribution Déterminée Nationale CDN, RCA, 2022).

Le Tchad, ne dispose pas non plus de loi cadre sur les changements climatiques, ni d'outil règlementaire ou autre qui propose un système de coordination institutionnelle à l'exception du décret n° 1561/PR/PM/2018 du 10 décembre 2018 portant la création, attributions et fonctionnement de l'Autorité

Nationale Désignée du Fonds Vert pour le Climat au Tchad (AND-FVC).

Aujourd'hui, il « *est possible, sur le plan technique de passer à une économie à faible teneur en carbone. Mais, ce qui manque, ce sont des politiques et des institutions appropriées* » (Sokona, 2014). L'Accord de Paris, tout en contribuant à l'amélioration du cadre institutionnel international a aussi recommandé aux Etats Parties « *de renforcer les dispositifs institutionnels, notamment ceux relevant de la Convention, qui concourent à l'application dudit Accord* » (article 7, Accord de Paris, 2015).

L'OIF, s'est également préoccupée de la question du renforcement du cadre institutionnel de protection du climat et a recommandé de « *prendre d'urgence des mesures pour lutter contre les changements climatiques et leurs répercussions par l'amélioration des capacités institutionnelles en ce qui concerne l'adaptation aux changements climatiques, l'atténuation de leurs effets et la réduction de leur impact et le système d'alerte rapide* » (le point 13 de l'initiative Objectif 2030).

Parmi les obstacles à l'action climatique, il y a lieu d'évoquer le financement de la lutte, pour lequel les sommes mobilisées demeurent extrêmement éloignées des besoins.

II.2.2. Déficit des moyens consacrés à la lutte contre les changements climatiques

Le Cameroun, la RCA et le Tchad sont classés parmi les pays qui ne disposent pas d'assez de moyens financiers pour atteindre les objectifs d'atténuation des émissions des GES et d'adaptation aux changements climatiques (1), ni les moyens techniques et technologiques nécessaires pour contrer le phénomène (2).

II.2.2.1. Atténuation des GES et adaptation climatique avec des ressources limitées

Tous les trois pays sont vulnérables aux changements climatiques et pauvres, car ne disposant pas d'infrastructures adéquates pour faire face aux changements climatiques. La lutte contre les changements climatique est très coûteuse et cela rend très difficile l'application des instruments juridiques internationaux en la matière. Et en plus, les différents pays ont tendance à privilégier beaucoup plus le développement économique au détriment de la lutte contre les changements climatiques.

En effet, au rang des engagements pris par les Etats dans les instruments internationaux de lutte contre les changements climatiques figurent en bonne place l'atténuation des émissions de GES et l'adaptation aux changements climatiques.

Les insuffisances aux plans financiers pour ces pays se résument comme suit :

- Faiblesses de la contribution des Etats dans les projets relatifs aux changements climatiques ;

- Manque de financements des projets de recherches sur les changements climatiques ;

- Les études, depuis la première Contribution Nationale Déterminée de la RCA (CDN RCA, 2022) et dans le cadre du Plan National d'Adaptation (PANA), n'ont abouti à la formulation des projets prioritaires finançables dans le domaine des changements climatiques.

- Les financements déjà accordés à ces pays par le Fonds pour l'Environnement Mondial (FEM), sont jusqu'aujourd'hui orientés vers les études et le renforcement des capacités, et non vers la réalisation des projets concrets sur le terrain (Contribution Nationale Déterminée du Tchad, deuxième contribution 2012).

Les pays dits de l'Annexe I (industrialisés) de la CCNUCC, ont pour obligation de soutenir les pays en développement dans le processus d'application des textes internationaux de lutte contre les changements. Cette assistance devrait passer par le transfert de technologie. Les pays comme le Cameroun, la RCA et le Tchad pourraient en bénéficier.

194

II.2.2.2. Les insuffisances des moyens techniques et technologiques

La COP 7 de Marrakech a adopté l'accord sur *« un cadre technologique »* concernant l'évaluation des besoins et les mécanismes de transfert de technologies, tandis que le financement de ces transferts de technologies a été décidé à la COP 14 avec le lancement du Programme Stratégique de Poznań sur le transfert de technologies (COP 14 de Poznań, 2018).

Le transfert de technologies recommandé par les différents instruments internationaux sur le climat est loin d'être une réalité au Cameroun, en RCA et au Tchad.

Les moyens techniques sont importants dans le processus d'application des instruments juridiques internationaux de lutte contre les changements climatiques dans la phase opérationnelle. Ainsi, *« sans la maitrise des données météorologiques, on ne peut pas suivre l'évolution du climat »* (Mevono Mvogo, 2016), au Cameroun[11] par

---

11 *« Selon le responsable de la région du littoral, la crise économique qui a sévi au Cameroun dans les années 1980 et 1990, n'a pas épargné le service météo. La région compte seulement 04 stations météo à raison d'une station par département. Certaines stations comme celle d'Edéa ont été mises en arrêt à cause des pannes entre 2012 et 2014. Des efforts sont en train d'être fournis pour leur réhabilitation, mais demeurent insuffisants. De même, selon le responsable du service météorologique, depuis 1985, des recrutements n'ont pas eu lieu, ce jusqu'' àdans les années 2010, où le recrutement des ingénieurs et agents de météorologie a été effectué ».*

exemple, les stations météo sont devenues obsolètes, d'où la nécessité de leur automatisation. Il existe également un sérieux problème de qualification des personnels météorologiques, capables d'observer minutieusement les données météorologiques, ce qui compromet les actions d'atténuation des émissions et les actions d'adaptation.

En outre, selon nos propres observations, aucun des 3 Etats ne dispose de suffisamment d'infrastructures adéquates pour lutter contre les inondations, qui sont l'une des conséquences des changements climatiques.

Troisième partie :
Dynamiques conflictuelles à l'ère des changements du climat et de l'environnemental au Cameroun, en RCA et au Tchad

Le changement climatique a des répercussions profondes sur les dynamiques conflictuelles au Cameroun, en RCA et au Tchad. Les variations climatiques, telles que les sécheresses prolongées et les perturbations des régimes de précipitations, affectent gravement l'accès aux ressources naturelles comme l'eau et les terres agricoles, exacerbant les tensions entre communautés et groupes socio-économiques. Cette situation engendre une intensification des conflits liés aux ressources, des migrations forcées et des crises alimentaires, tout en exacerbant les tensions ethniques et régionales. Ainsi, les défis climatiques et les dynamiques conflictuelles sont étroitement liés, nécessitant des approches intégrées pour la gestion des ressources naturelles et la stabilité régionale.

III.1. Conséquences des crises climatiques et environnementales sur la sécurité et la gestion des conflits

Pour reprendre un vieux précepte du sociologue français Émile Durkheim, définir son objet n'est pas un abus de précaution, mais un nécessaire effort de compréhension. La notion à définir ici est celle de la sécurité.

La notion de sécurité est *« un concept essentiellement contestable »* (B. Buzan, *People, States and Fear, 1983*). Barry Buzan souligne particulièrement le statut complexe de la notion de sécurité en relations internationales. Bien qu'il existe une définition quasi consensuelle donnée par

Arnold Wolfers dès 1952, à savoir que « *la sécurité, dans un sens objectif, mesure l'absence de menaces sur les valeurs centrales ou, dans un sens subjectif, l'absence de peur que ces valeurs centrales ne fassent l'objet d'une attaque* » (Battistela, 2015), cette notion reste sujette à débat.

Selon cette définition, la présence de menaces conduit inévitablement à une crise sécuritaire. Dans cette étude, les menaces en question sont les menaces climatiques qui dégradent l'environnement et induisent une compétition pour les ressources, se manifestant souvent par des conflits. Mais que faut-il entendre par conflit ?

Un conflit se définit comme une rupture de la situation harmonieuse et paisible qui caractérisait les relations entre deux individus ou groupes sociaux (ministère de la justice et de la promotion des droits humains du Burkina Faso, 2019). Il est aussi défini comme une rencontre d'éléments (opinions, objectifs, enjeux, méthodes, référentiels, sentiments, …) qui sont contraires, qui s'opposent et où chaque partie ou l'une d'entre elles lutte pour faire prévaloir ses objectifs, son point de vue, ses intérêts pour obtenir satisfaction (y compris la satisfaction psychologique d'avoir réussi) (Dethier, 2018). Il survient lorsque les parties concernées perdent leur entente mutuelle et expriment leur mécontentement par des divergences d'intérêts, voire par des confrontations violentes. Le conflit se caractérise par une situation non désirée, marquée par l'incompatibilité des idées, des valeurs et des intérêts.

On distingue plusieurs types de conflit :

- **Conflit sous-jacent**: lorsque les parties concernées sont mécontentes et que la tension reste latente.

- **Conflit ouvert** : lorsque les parties s'accusent mutuellement, rejetant la responsabilité du conflit sur l'autre.

- **Conflit violent** : lorsque les parties recourent à la violence, aux agressions ou aux actes de destruction pour se rendre justice (Manuel de gestion et de prévention des conflits, 2016).

- **Typologie des conflits et cartographie des acteurs engagés**

La dynamique des conflits dans les zones d'étude est cruciale pour comprendre le lien entre climat, sécurité et environnement (Tableau 1). Les principaux conflits signalés par les enquêtés découlent majoritairement de la cohabitation entre différentes communautés, notamment autour de la gestion ou du contrôle des ressources environnementales telles que l'eau et la terre. Le conflit entre éleveurs et agriculteurs est le plus fréquemment mentionné, bien que les éleveurs ne représentent que 7 % de la population enquêtée. En cas de conflit, les femmes et les jeunes sont les plus vulnérables. Les femmes sont particulièrement exposées à des violences graves telles que l'enlèvement, la torture, le viol et parfois même le meurtre. Tous les conflits identifiés sont étroitement liés au nexus climat-sécurité-environnement.

Tableau 1: Typologie des conflits, leurs causes et les acteurs engagés

Type de conflits	Causes	Acteurs engagés
Communautaire	Dévastation des champs	Éleveurs, agriculteurs communautés
	Accès à l'eau	Communautés
	Tracé de couloirs de transhumance	Éleveurs, agriculteurs
	Gestion foncière	
	Tribalisme	
Foncier	Accaparement des terres	Membres de la communauté, autorités
	Mauvaise répartition	Membres de la communauté, autorités

	Privation aux étrangers	Autochtones, déplacés, allogènes
	Occupation	
Voisinage	Injures	
	Jalousie	
	Alimentation	
Intérêt	Vol	

Malgré la présence de conflits, une majorité significative des répondants à l'enquête affirment que la cohabitation entre les communautés dans cette région est pacifique. Cette perception découle de la tendance des populations à minimiser les tensions existantes en faveur du vivre ensemble. En raison de l'instabilité dans cette partie de l'Afrique, les pouvoirs publics, soutenus par leurs partenaires, ont multiplié les appels à la cohabitation pacifique. Cette démarche a également contribué à promouvoir un discours de paix parmi les citoyens. Cependant, malgré ces efforts, la dynamique conflictogène révèle que la vie en symbiose au sein de ces communautés est marquée par de nombreuses tensions. Avec le temps, les changements climatiques et environnementaux exacerbent ces tensions, notamment dans la zone sahélienne. Les crises politiques récurrentes, particulièrement au cours de la dernière décennie, ont considérablement fragilisé la situation de la paix.

La sécurité et le changement climatique sont étroitement liés, car les effets du changement climatique ont des implications majeures pour la sécurité mondiale. Les phénomènes tels que les inondations, les sécheresses prolongées, les tempêtes plus fréquentes et les migrations forcées contribuent à des conflits, des tensions sociales et des crises humanitaires. En exacerbant la vulnérabilité des agriculteurs et des éleveurs, le changement climatique clarifie sa relation avec les conflits et crée un terreau fertile pour l'émergence et l'escalade des tensions violentes entre paysans et pasteurs.

III.1.1. Crises climatiques et environnementales comme facteur aggravant le déplacement interne et externe

Les conséquences du changement climatique sur les mouvements de population n'ont fait l'objet de recherches systématiques que récemment, laissant encore de nombreuses zones d'ombre (Diallo et Renou, 2014). La question des « *migrations environnementales* » n'a émergé que tardivement dans les débats internationaux. En Afrique centrale, bien que l'ampleur du phénomène soit notable, les données sur les migrations potentielles induites par le changement climatique restent relativement limitées.

203

Le changement climatique entraîne une raréfaction des ressources disponibles, ce qui conduit à une aggravation des déplacements de populations. En raison des crises climatiques et environnementales, les éleveurs transhumants migrent du nord vers le sud. Ces crises ont engendré non seulement des déplacements internes, mais également des mouvements externes. Par exemple, au Cameroun, nos enquêtes ont révélé la présence de nombreux migrants climatiques externes, notamment en provenance du Tchad et de la République Centrafricaine.

En Centrafrique, les déplacements causés par les crises climatiques et environnementales touchent 16 % des femmes et 8 % des hommes. Parmi les raisons de ces déplacements, 9 % sont liés à la transhumance, motivée par la recherche de points d'eau et de pâturages.

III.1.2. Conflits générés entre populations autochtones et populations déplacées autour de la gestion des ressources

Selon les enquêtes menées, plusieurs types de ressources sont identifiés comme sources de conflits, notamment l'eau, les pâturages et le foncier agricole.

À Mangalmé, au Tchad, par exemple, certains enquêtés ont signalé que l'accès aux points d'eau pour le bétail est une difficulté majeure. Les pasteurs sont parfois contraints de louer des espaces pour creuser des puits afin d'abreuver leurs troupeaux. Dans cette localité, les relations entre éleveurs et agriculteurs sont tendues, et la situation est susceptible de dégénérer à tout moment.

En général, deux types d'acteurs sont impliqués dans ces conflits : les agriculteurs et les éleveurs.

L'agriculteur est une personne dont les activités principales sont agricoles. Il possède la terre et détient le pouvoir politique et juridique traditionnel (ProFEC, 2024). Les migrants bénéficient souvent de l'hospitalité des autochtones, qui leur permettent généralement d'accéder à la terre après avoir respecté les formalités coutumières et religieuses en vigueur dans la zone d'accueil.

L'éleveur, quant à lui, pratique l'élevage comme activité principale. Le bouvier, communément appelé berger, est celui qui gagne sa vie en s'occupant du bétail d'un tiers. Dans les trois pays concernés par cette étude, cette activité est particulièrement marquée par les éleveurs transhumants.

III.1.3. Vers une tendance à la radicalisation

En raison de l'intensification des tensions et des crises, un phénomène de radicalisation a commencé à émerger selon les enquêtés. Cette radicalisation se manifeste par une adoption de positions extrêmes et parfois violentes, alimentées par un sentiment croissant d'injustice, d'exclusion ou de désillusion.

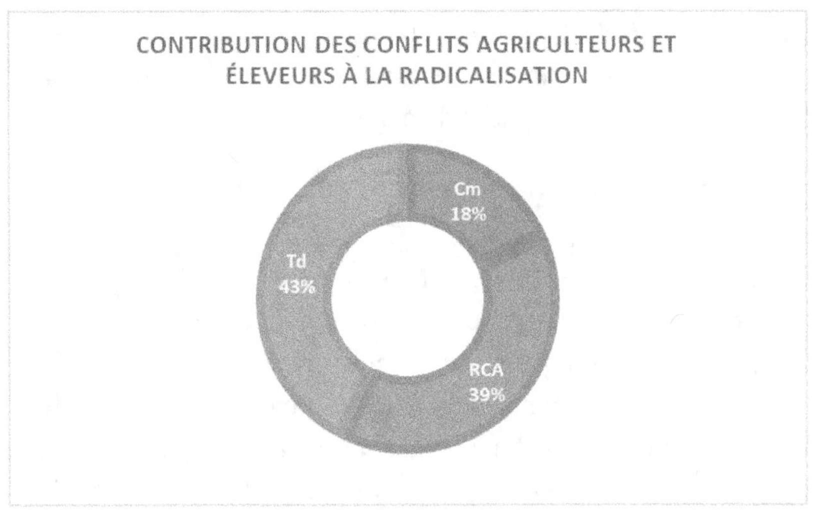

Figure 54 : Contribution des conflits agriculteurs et éleveurs à la radicalisation

Selon les témoignages de 215 répondants (Figure 54), les conflits entre agriculteurs et éleveurs dans leurs communautés ont conduit à la création ou à l'adhésion à des milices, des mouvements armés ou des groupes extrémistes. Ces groupes fonctionnent comme des coopératives armées, œuvrant pour la défense des intérêts de leurs membres. Cette évolution dans la nature des conflits, notamment éleveurs - agriculteurs découle à la fois d'une gestion inefficace des conflits.

III.1.4. Mode de gestion des conflits

Parmi les diverses méthodes de gestion des conflits liés à la gestion ou au contrôle des ressources environnementales, le recours aux autorités

Le Nexus Climat-Sécurité-Environnement en Afrique centrale : *Cas du Cameroun, de la République Centrafricaine et du Tchad – Etude financée par L'OIF, réalisée par le Consortium – CEDPE- 2025*

administratives et judiciaires est la plus couramment considérée, selon 52,9 % des répondants (Figure 55).

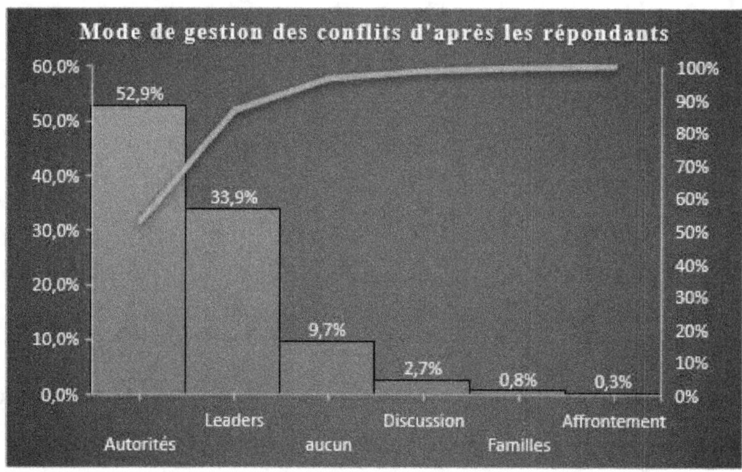

Figure 55 : Mode de gestion des conflits selon les enquêtés

Bien que cette approche soit privilégiée au sein des communautés, elle présente de nombreuses insuffisances. Celles-ci nécessitent une analyse approfondie dans le cadre du nexus climat-sécurité-environnement, pour mieux comprendre le rôle de la gestion des conflits autour des ressources naturelles par rapport à la radicalisation, ainsi que ses incidences sur les changements climatiques.

Il est évident que les instruments utilisés par les autorités administratives et judiciaires pour traiter les litiges relatifs aux ressources naturelles sont souvent inadaptés et insuffisants face aux enjeux écologiques actuels. En effet, 33,9 % des personnes interrogées ont indiqué que les conflits dans leur communauté sont souvent gérés par des leaders traditionnels et religieux. Néanmoins, le recours à l'autorité traditionnelle et morale pour résoudre des litiges est parfois un choix imposé en raison de l'accès difficile aux institutions compétentes. De plus, le niveau d'instruction généralement bas dans la région contribue également à expliquer ces modes de résolution des conflits. En effet, les personnes analphabètes évitent souvent les interactions avec l'administration en raison de leur incapacité à s'exprimer ou par crainte de se voir exposées.

III.1.4. Possibles impacts des crises sécuritaires sur l'environnement

L'évaluation des conséquences des crises sécuritaires sur la capacité des États à lutter contre le changement climatique et la dégradation de l'environnement révèle une tendance préoccupante. En Centrafrique, au Cameroun et au Tchad, les conflits et l'insécurité ont conduit ces pays à consacrer une part importante de leurs ressources financières aux dépenses en matière de défense et de sécurité, au détriment de la lutte contre les enjeux environnementaux.

Depuis la fin des années 1990 et le début des années 2000, ces pays ont été confrontés à des défis sécuritaires croissants, notamment des conflits internes et régionaux.

Le bassin du Lac Tchad, qui implique le nord du Cameroun, le Tchad et la République Centrafricaine, est particulièrement problématique. Ces États ont dû renforcer leurs dispositifs de sécurité, souvent au détriment des efforts environnementaux.

Une étude de l'Institut international de recherche sur la paix de Stockholm (SIPRI) révèle que le Tchad, bien qu'il se classe au 21e rang sur 46 pays africains pour les dépenses militaires, consacre une part significative de son PIB à ces dépenses, avec 3,1% du PIB en 2020, équivalant à 323 millions de dollars (Rapport annuel de *Stockholm International Peace Research Institute* (SIPRI: armements, désarmement et sécurité internationale, 2021)). Le Cameroun a alloué 124,212 milliards de francs CFA en 2018 pour des dépenses militaires, principalement pour contrer les crises sécuritaires telles que la guerre contre Boko Haram et l'insurrection des sécessionnistes anglophones. En République Centrafricaine, les dépenses pour les forces de défense et de sécurité représentaient 17 % du budget prévisionnel de l'État en 2016, soit 20,9 milliards de FCFA (Banque mondiale, 2016).

Ces chiffres illustrent comment les dépenses en défense et sécurité prennent une part prépondérante dans les budgets de ces pays, souvent au détriment des fonds nécessaires pour lutter contre la dégradation de l'environnement et le changement climatique.

III.1.5. Relation entre le changement climatique et la sécurité

III.1.5.1. Le changement climatique et son impact sur la migration interne

Selon le rapport sur les déplacements internes de 2024, il y a en Afrique subsaharienne environ 6 032 000 personnes déplacées en raison de catastrophes.

En ce qui concerne le nombre de déplacés à cause des catastrophes naturelles et du changement climatique dans les trois pays étudiés, le Cameroun a enregistré 2 600 déplacés, tandis que le Tchad a comptabilisé 16 000 déplacés, et la République centrafricaine a le plus grand nombre avec 70 000 déplacés (*Global Report on Internal Displacement*, 2024).

Dans l'enquête menée par l'équipe de ce rapport, les réponses des répondants dans les trois pays ont varié concernant les raisons de la migration. Cependant, la recherche d'emploi, le conflit armé et la recherche de pâturages se sont révélés être les principales raisons. Voir le graphique de la Figure 6.

Ce déplacement, ou la vulnérabilité résultant des effets négatifs des changements climatiques, a des impacts différents d'un pays à l'autre. Cela a été confirmé par Alexandra Bilak, directrice de *The Internal Displacement Monitoring Centre (IDMC)* (*L'Observatoire des situations de déplacement interne (IDMC)* lors de son discours sur le dernier rapport concernant les personnes déplacées à l'intérieur de leur pays à l'échelle mondiale, où elle a déclaré : « *Aucun pays n'est à l'abri des déplacements causés par des catastrophes. Cependant, nous observons une différence dans la manière dont les déplacements affectent les populations entre les pays qui se préparent et planifient leurs impacts et ceux qui ne le font pas*[12]) .»

Il convient de souligner que l'impact des mouvements de population, qu'ils résultent des changements climatiques ou des conflits et de la violence, est particulièrement intense en Afrique en raison de la fragilité des infrastructures et de la faiblesse des systèmes administratifs dans les pays africains pour s'adapter et faire face à ces changements. Cela s'explique par la faiblesse du produit intérieur brut et la dépendance de leurs économies à la production et à l'exportation de matières premières, ainsi que par le fait qu'une grande partie de leurs budgets est consacrée à la lutte contre les rébellions, les conflits armés internes ou à la lutte contre le terrorisme et l'extrémisme qui menacent leur stabilité.

A titre d'exemple, le produit intérieur brut du Cameroun en 2023 était de 47,95 milliards de dollars américains, avec une population de 23,7 millions d'habitants. Le produit intérieur brut du Tchad était de 13,15 milliards de

---

[12] https://www.internal-displacement.org/news/conflicts-drive-new-record-of-759-million-people-living-in-internal-displacement/

dollars américains, et celui de la République centrafricaine était de 2,56 milliards de dollars américains[13].

L'analyse des réponses des répondants dans les trois pays confirme que les préparations des gouvernements dans les régions étudiées sont insuffisantes pour faire face aux effets négatifs des changements climatiques ou des catastrophes naturelles, ni pour résoudre les différends et conflits entre agriculteurs et éleveurs, qui constituent la principale cause des conflits et des violences. Au Cameroun, 968 des participants ont indiqué qu'aucune mesure n'avait été prise pour remédier à la pénurie de ressources.

Les réponses dans les trois pays concernant les principales causes des conflits étaient presque identiques. La lutte pour le partage des terres et l'exécution d'animaux par les agriculteurs en raison de la destruction des champs, ainsi que le conflit pour les ressources en eau, figurent parmi les principales raisons de l'émergence des conflits.

Ainsi, 247 répondants, soit un quart des participants au Cameroun, ont indiqué que la lutte pour les ressources en eau entre les résidents autochtones et les nouveaux arrivants est l'une des principales causes des conflits.

---

[13] Banque mondiale,
https://data.worldbank.org/indicator/NY.GDP.MKTP.CD?locations=CF-TD

Cela constitue un signe clair de l'impact de la pénurie de ressources en eau (notamment le dessèchement du lac Tchad en raison des changements climatiques) sur l'augmentation des conflits dans les régions étudiées, notamment en raison des intérêts divergents des éleveurs par rapport aux ambitions et aux besoins des agriculteurs.

En effet, les éleveurs s'efforcent constamment, surtout ces dernières années, d'accroître le nombre de leurs troupeaux dans le but d'augmenter leurs richesses, tandis que les agriculteurs souhaitent étendre la superficie de leurs terres agricoles ou la préserver face à l'expansion de la désertification et à la dégradation des sols.

Ces intérêts contradictoires induisent des tensions et des conflits, se transforment ensuite en conflits armés dans lesquels des innocents, notamment des femmes, des enfants et des personnes âgées, perdent la vie. A titre d'exemple, une des répondantes au Tchad a déclaré à propos de sa migration : « *Je n'avais même pas un abri pour me protéger avec mes enfants, donc je trouve ma paix ici au Tchad* ».

Au Tchad, la rareté de l'eau était également la principale cause des conflits dans les deux régions. Un des répondants a déclaré : « *C'est un long voyage pour chercher de l'eau ; nous faisons parfois face à des attaques en chemin* ». Dans le pays, avoir l'eau n'est pas un problème majeur pour les agriculteurs et les éleveurs seulement, mais aussi pour les pêcheurs à Fitri. En effet, nombre d'entre eux se plaignent souvent de la rareté de l'eau et de sa mauvaise qualité.

Cela peut s'expliquer par le fait que le lac de Fitri dépend des pluies saisonnières pour son approvisionnement en eau. Ainsi, la superficie du lac augmente ou diminue en fonction de la quantité de pluie.

Elle peut doubler pendant les années pluvieuses, tandis que de vastes zones peuvent s'assécher en cas d'irrégularité dans les précipitations tant en termes de quantité que de timing[14](.

La République centrafricaine a occupé la première place parmi les trois pays, avec 856 répondants considérant que l'eau est une source de conflit. Cependant, il est important de noter que beaucoup d'entre eux ont mentionné que les femmes étaient l'une des principales causes de l'émergence des conflits liés à l'eau.

Bien que la majorité des personnes au Cameroun aient déclaré vivre en harmonie, 107 répondants ont indiqué qu'ils vivent dans un climat de tensions. La plupart d'entre eux (69) résident dans la région de Bangangté et 38 dans celle de Foumban. Cela indique que la localité de Bangangté est susceptible de connaître des tensions internes supplémentaires dans les périodes à venir si des mesures ne sont pas prises pour remédier aux lacunes des

---

[14] https://www.copernicus.eu/sv/node/9070

Le Nexus Climat-Sécurité-Environnement en Afrique centrale : *Cas du Cameroun, de la République Centrafricaine et du Tchad — Etude financée par L'OIF, réalisée par le Consortium — CEDPE- 2025*

services destinés aux éleveurs et aux agriculteurs, en adéquation avec leurs besoins.

Ces besoins ont été évoqués dans leurs réponses concernant leurs attentes pour leur région au cours des cinq prochaines années, parmi lesquels la création de centres de formation et de qualification pour les agriculteurs, afin d'apprendre à s'adapter aux changements survenus et en cours, notamment en ce qui concerne les changements climatiques et leur impact sur les sols et les ressources en eau.

De plus, il est essentiel de trouver un moyen d'imposer l'application des règles relatives au règlement des conflits qui surgissent, afin que ceux qui se sentent marginalisés, et qui ressentent l'absence de l'autorité de l'État, ne recourent pas à la vengeance, ce qui contribuerait à accroître les tensions et à amplifier les conflits.

III.1.5.2. Impact du changement climatique sur la sécurité humaine

Les Nations Unies ont défini le concept de sécurité humaine en 1994 comme étant *« la protection contre les menaces chroniques, telles que la faim, la maladie et la répression, et la protection contre les perturbations soudaines et douloureuses des modes de vie quotidiens, que ce soit au travail, à domicile ou au sein de la communauté locale »*.

Comme indiqué dans la résolution 66/290 de l'Assemblée générale des Nations unies « *la sécurité humaine est une approche visant à aider les États membres à identifier et à aborder les défis vastes et interdépendants qui menacent la survie, les moyens de subsistance et la dignité de leurs peuples* ».

Par conséquent, les gouvernements conservent le rôle et la responsabilité essentiels de garantir la survie, les moyens de subsistance et la dignité de leurs citoyens. Elle précise que la communauté internationale est là pour « *compléter et fournir un appui nécessaire, sur demande, en vue de renforcer les capacités des gouvernements à faire face aux menaces actuelles et émergentes.* »[15].

Conformément à ce qui précède, l'ampleur des dommages subis par les habitants des communautés étudiées, notamment les femmes. Et ce, en raison de la combinaison de plusieurs facteurs, notamment : les effets négatifs des changements climatiques, la propagation des conflits armés et la présence de mouvements rebelles et extrémistes.

A titre d'exemple, dans l'analyse des résultats de l'enquête concernant le Tchad, la rareté de l'eau n'était pas le seul problème, mais celle-ci était également impropre à la consommation. En effet, (722) répondants ont contracté des maladies à cause de l'eau locale.

---

[15] HUMAN SECURITY HANDBOOK, Human Security Unit, (New York: united nations, January 2016)

Au Cameroun, (475) ont été malades en raison de la consommation d'eau, tandis qu'en RCA, le nombre le plus élevé de malades s'élevait à (950) répondants en raison de l'eau locale.

Il est à noter que le manque de sources d'eau propres et durables, notamment au Tchad et en RCA, menace la sécurité humaine. Cela constitue également un problème grave qui pourrait engendrer davantage de conflits entre les populations pour le contrôle des sources d'eau propres et sûres, ou provoquer des conflits armés entre les habitants et les autorités locales en raison d'un sentiment croissant de marginalisation par les gouvernements nationaux et du manque de services tels que l'eau potable ou l'assainissement.

Malheureusement, des groupes rebelles et terroristes exploitent ce sentiment négatif envers les gouvernements pour recruter davantage de membres, ce qui renforce leur pouvoir et leur influence, intensifie leurs attaques et perpétue le cercle vicieux de la violence et de la violence réciproque.

Cette violence résultant des conflits a des conséquences particulièrement lourdes pour les femmes, qui sont exposées à différentes formes de violence, notamment la violence sexuelle. Dans un rapport de l'Organisation *Crisis Group* publié en 2022, il a été signalé que les femmes au Cameroun risquent d'être victimes d'abus de la part des forces de sécurité ou des milices aux postes de contrôle. Toujours selon cet Organisation, certaines femmes ont déclaré qu'elles avaient été contraintes d'avoir des relations sexuelles avec des hommes armés aux postes de contrôle pendant le couvre-feu nocturne dans la région du Nord-Ouest en 2018 et 2019. Il a été rapporté qu'au moins un leader séparatiste avait enlevé des femmes comme butin de guerre et les avait ensuite forcées à l'épouser.

 Sur le plan de la santé, la propagation et la persistance des conflits constituent un facteur important d'érosion du budget de l'État et d'absence de développement, ainsi que de la capacité à fournir une infrastructure de base en gaz, électricité ou moyens de chauffage et de cuisson adaptés aux femmes. Cela nuit à la fois à l'environnement et à la santé des femmes et de leurs enfants.

L'utilisation du bois comme combustible pour la cuisson a été mentionnée en première position dans les réponses des participants dans les trois pays. Au Cameroun, plus de deux tiers des répondants (982 personnes) l'utilisent, parmi lesquels (764) en dépendent principalement sans recourir à d'autres façon de cuisiner. En revanche, au Tchad, (1107) répondants en dépendent, et en RCA, (927) répondants l'utilisent. Tous ont déclaré qu'ils l'utilisent en raison de son faible coût par rapport aux autres sources de combustible. De plus, un autre facteur qui contribue à sa persistance, malgré son impact négatif sur l'environnement et la santé des femmes et de leurs enfants, est l'héritage familial et les traditions. Certains d'entre eux ont déclaré : *« C'est ce type de combustible (le bois) que nous connaissons et que nous avons hérité de nos ancêtres ».*

III.1.5.2. Impacts potentiels des crises sécuritaires sur l'environnement

Les trois pays étudiés sont confrontés à des conflits armés internes : mouvements séparatistes au Cameroun, opposition armée et prolifération de groupes extrémistes et terroristes au Tchad et en République centrafricaine.

Dans chacun de ces pays, les gouvernements font face à des groupes séparatistes, rebelles ou extrémistes.

Cela se traduit par des affrontements armés, l'utilisation d'armes et d'explosifs, ainsi que par des actes de violence dont l'intensité fluctue selon la gravité des confrontations.

Les paragraphes suivants analyseront chaque situation, en s'appuyant sur les données disponibles, pour comprendre la relation entre les conflits armés, les crises sécuritaires auxquelles ces pays sont confrontés, et leurs impacts sur l'environnement.

Le Cameroun est confronté à un conflit interne opposant le gouvernement aux groupes séparatistes dans les régions anglophones du Nord-Ouest et du Sud-Ouest, qui cherchent à établir une *« République d'Ambazonie».* Ces séparatistes revendiquent la fin de ce qu'ils perçoivent comme une marginalisation par les francophones, qui dominent le pouvoir et l'économie du pays.

Au cours des dernières années, la violence s'est intensifiée de manière significative, affectant gravement la population civile ainsi que l'environnement. Plus de 6 000 civils ont perdu la vie, et des centaines de villages ont été détruits lors des campagnes de lutte contre l'insurrection menées par l'armée, poussant des centaines de milliers de personnes à fuir. Cette situation a conduit à la présence de 628 000 déplacés internes et de 87 000 réfugiés camerounais au Nigéria, sur une population totale d'environ quatre millions d'habitants dans les régions anglophones »[16].

Parmi les répondants camerounais de cette étude, qui compte un total de 1 024 participants, 216 personnes ne sont pas originaires des lieux où elles résident actuellement. Parmi celles-ci, 205 sont des déplacés internes, dont 38 ont quitté leurs régions d'origine en raison du conflit armé.

En ce qui concerne l'impact de ces conflits sur l'environnement, les répondants ont signalé que l'un des principaux facteurs de la dégradation du couvert végétal

---

[16] Gordon Crawford, Maurice Beseng, Cameroon's anglophone conflict has lasted for six years: what citizens say about how to end it, the conversation, July 30, 2023, visited 1 Nov. 2024: https://theconversation.com/cameroons-anglophone-conflict-has-lasted-for-six-years-what-citizens-say-about-how-to-end-it-208381

est la déforestation excessive, ainsi que l'assèchement des plans d'eau.

Pour ce qui est de la qualité de l'air, 843 participants ont noté un changement, dont 812 ont mentionné une augmentation des températures.

En République Centrafricaine, les principales raisons évoquées par les répondants parmi les résidents non autochtones pour avoir migré ou été déplacés vers les zones d'enquête sont la recherche de sécurité.

En effet, (59) répondants sur (111) déplacés en raison du conflit armé ont déclaré qu'ils étaient venus en quête de sécurité et qu'ils comptaient rester dans ces zones en raison de la sécurité disponible, sans envisager de retourner dans leurs régions d'origine tant que la sécurité et la paix n'y seraient pas rétablies.

Comme l'a dit l'un d'eux : *" En cas de retour de sécurité dans la zone"*.

Et c'est là que réside un grand danger que beaucoup ne réalisent pas au début des déplacements, que ce soit en raison de conflits, de catastrophes naturelles ou des effets négatifs des changements climatiques.

C'est le problème du retour des populations déplacées dans leurs régions d'origine après leur déplacement. En effet, les déplacés s'adaptent à un nouveau mode de vie dans la communauté d'accueil, ce qui rend difficile pour les gouvernements, les organisations internationales et la société civile de les convaincre de revenir dans leurs lieux d'origine.

Cela peut entraîner un changement démographique de la nature de la population dans cette région d'accueil au fil du temps, ce qui affectera par la suite sa composition démographique.

Les réponses de certaines personnes lorsqu'on leur a demandé leur opinion sur l'idée de retourner dans leur région d'origine ont révélé ces indications. L'un d'eux a déclaré être : "*Habitué à la localité.*" D'autres ont dit : "*J'ai trouvé ma place ici.*" "*Ici, il y a la stabilité sociale.*"

III.1.6. Projections quant au cycle de violence

Si les actions nécessaires ne sont pas prises, les risques sécuritaires liés au changement climatique et à la dégradation environnementale continueront de se renforcer, entraînant des répercussions graves pour la stabilité régionale. Les enquêtes menées indiquent que les conflits entre agriculteurs et éleveurs, déjà présents, sont susceptibles de s'intensifier dans les années à venir. Cette intensification est attribuable à plusieurs facteurs clés :

1.   Aggravation du changement climatique :

o   Augmentation des Températures : les températures mondiales en hausse accroissent l'évaporation des sols et des réservoirs d'eau, aggravant les sécheresses et diminuant les ressources en eau disponibles pour l'agriculture et l'élevage.

o   Événements Climatiques Extrêmes : les phénomènes climatiques extrêmes, tels que les tempêtes violentes et les inondations, provoquent des destructions importantes et une perte de terres cultivables, ce qui complique davantage la gestion des ressources et la vie quotidienne des populations.

2.   Raréfaction croissante des ressources :

o   Eau : la diminution des réserves d'eau douce due aux changements climatiques entraîne une compétition accrue pour l'accès à cette ressource vitale. Les conflits entre agriculteurs, qui nécessitent de grandes quantités d'eau pour l'irrigation, et éleveurs, qui dépendent des points d'eau pour leur bétail, deviennent plus fréquents.

o   Terres agricoles et espaces de pâturage : la perte de terres agricoles à cause de la déforestation et de la désertification réduit les espaces disponibles pour la culture et le pâturage, intensifiant la lutte pour ces espaces essentiels.

3.   Pression démographique persistante :

o   Croissance de la population : la croissance rapide de la population augmente la demande de ressources alimentaires et en eau, exacerbant la pression sur les terres et les autres ressources naturelles. Cette croissance démographique alimente la concurrence pour les ressources disponibles et aggrave les tensions entre différentes communautés.

4.   Persistance des conflits pour le contrôle des ressources :

o   Conflits élevés : les tensions préexistantes entre agriculteurs et éleveurs pour le contrôle des ressources naturelles sont exacerbées par les conditions climatiques changeantes. Ces conflits, souvent sous-jacents, peuvent se transformer en confrontations ouvertes, menaçant la paix et la stabilité dans les régions affectées.

III.2.   Changements climatiques et environnementaux, sécurité humaine et vulnérabilité des populations

La vulnérabilité peut être définie comme un état de fragilité qui prédispose un système, qu'il soit écologique, économique ou social, à subir des effets néfastes. Elle englobe non seulement la sensibilité aux dommages, mais aussi la capacité d'un système à faire face aux perturbations et à s'adapter aux changements. Cette notion est cruciale pour évaluer comment divers systèmes réagissent face aux défis environnementaux, notamment dans le contexte du changement climatique (Urruty *et al.*, 2016).

Dans le contexte environnemental, la vulnérabilité se manifeste de manière complexe, étant le résultat d'une interaction entre divers facteurs naturels et anthropiques. Le Groupe d'experts intergouvernemental sur l'évolution du climat (GIEC) a souligné que les changements climatiques exercent une pression accrue sur les systèmes environnementaux, exacerbant les risques existants et introduisant de nouveaux défis pour les moyens de subsistance et les écosystèmes (IPCC, 2007).

III.2.1. Facteurs clés de la vulnérabilité

Pour évaluer la vulnérabilité d'un système environnemental, il est essentiel de considérer plusieurs dimensions interconnectées :

1. Exposition aux dangers : l'exposition désigne le degré auquel un système est confronté à des dangers ou à des risques environnementaux. Cela inclut des phénomènes tels que les tempêtes, les inondations, les sécheresses, ou les variations extrêmes de température. Un système situé dans une région géographiquement ou climatiquement plus exposée à ces dangers sera intrinsèquement plus vulnérable.

2. Sensibilité aux changements : la sensibilité fait référence à la mesure dans laquelle un système est susceptible de subir des impacts négatifs lorsqu'il est confronté à des changements environnementaux. Par exemple, les écosystèmes marins peuvent être particulièrement sensibles aux variations de

température de l'eau, tandis que les communautés agricoles peuvent être sensibles aux modifications des régimes de précipitations. Cette sensibilité est souvent influencée par la santé actuelle du système et sa capacité à maintenir ses fonctions essentielles en réponse aux changements.

3. Capacité d'adaptation : la capacité d'adaptation est la capacité d'un système à ajuster ses structures, ses pratiques ou ses comportements pour minimiser les impacts négatifs des changements environnementaux (Plateforme CARE sur le changement climatique et la résilience (CCRP), 2019). Cela inclut des aspects tels que l'innovation technologique, les politiques de gestion des ressources, et les stratégies de planification urbaine. Un système avec une forte capacité d'adaptation sera mieux équipé pour absorber et répondre aux perturbations, réduisant ainsi sa vulnérabilité globale.

III.2.2. Crises sécuritaires et vulnérabilité

Une dimension cruciale de la vulnérabilité est celle des crises sécuritaires, qui se réfèrent aux conflits et aux instabilités politiques pouvant découler ou être exacerbés par les conditions environnementales. Les crises sécuritaires sont souvent liées aux tensions pour l'accès aux ressources naturelles limitées, telles que l'eau et les terres agricoles, qui peuvent devenir encore plus convoitées à mesure que les impacts du changement climatique se font sentir. Les points suivants illustrent comment ces crises interagissent avec la vulnérabilité :

1. Conflits liés aux ressources : les pénuries de ressources naturelles, comme l'eau potable ou les terres arables, peuvent entraîner des conflits entre communautés ou États. Par exemple, la diminution des réserves d'eau dans les régions arides peut exacerber les tensions entre les pays partageant des bassins fluviaux transfrontaliers. De tels conflits augmentent la vulnérabilité des populations affectées en compromettant leur sécurité et leur stabilité économique.

2. Migration climatique et instabilité sociale : les événements climatiques extrêmes, tels que les tempêtes ou les sécheresses prolongées, peuvent entraîner des migrations massives de populations cherchant des conditions de vie plus favorables. Cette migration peut engendrer des tensions dans les régions d'accueil, provoquer des déséquilibres sociaux, et parfois conduire à des violences ou à des perturbations de la cohésion sociale.

3. Réponses institutionnelles et gouvernance : la capacité des institutions à gérer les crises environnementales et sécuritaires est déterminante pour renforcer la résilience communautaire. Des systèmes de gouvernance

solides, transparents et inclusifs favorisent la mobilisation des ressources et des connaissances locales, permettant aux communautés de mieux faire face aux crises. En revanche, des gouvernances faibles ou corrompues non seulement échouent à répondre efficacement aux défis, mais aggravent également les inégalités sociales, fragilisant ainsi les populations les plus marginalisées. Promouvoir une gouvernance efficace est essentiel pour bâtir des communautés résilientes, capables de s'adapter et de surmonter les difficultés.

III.2.3. Implications de la vulnérabilité et des crises sécuritaires

L'intégration des crises sécuritaires dans l'évaluation de la vulnérabilité permet une approche plus holistique de la gestion des risques environnementaux. En tenant compte des dimensions sécuritaires, les décideurs peuvent élaborer des stratégies plus robustes pour atténuer les impacts des changements climatiques tout en abordant les problèmes de sécurité et de stabilité sociale. Cela inclut le développement de politiques qui favorisent la coopération régionale, la gestion durable des ressources, et la résilience communautaire face aux défis multidimensionnels.

La vulnérabilité environnementale est donc un concept complexe qui nécessite une compréhension approfondie de plusieurs dimensions interconnectées, y compris les crises sécuritaires. Une évaluation intégrée permet de mieux anticiper et gérer les risques associés aux changements climatiques et d'élaborer des stratégies visant à renforcer la résilience des systèmes naturels et humains face aux défis contemporains (IPCC, 2007).

L'évaluation de la vulnérabilité des sites d'études au Cameroun, au Tchad et en République Centrafricaine a été réalisée suivant une approche méthodologique rigoureuse, déduite des modèles établis dans la littérature scientifique (IPCC, 2007 ; Hahn et *al.*, 2009 ; Sujakhu *et al.*, 2019 ; Amuzu *et al.*, 2018 ; Chimi et *al.*, 2024). Ce processus d'évaluation est structuré en quatre étapes principales, chacune jouant un rôle crucial dans l'analyse complète :

1. Identification des composantes et des indicateurs de la vulnérabilité : la première étape consiste à identifier les composantes clés et les indicateurs pertinents qui permettent de mesurer la vulnérabilité. Ces indicateurs comprennent des variables telles que l'exposition aux risques environnementaux, la sensibilité des systèmes et la capacité d'adaptation. Le Tableau 2 présente en détail les indicateurs utilisés, conformes aux méthodologies établies par les études antérieures

(IPCC, 2007 ; Hahn et *al.*, 2009 ; Sujakhu *et al.*, 2019 ; Amuzu *et al.*, 2018 ; Chimi *et al.*, 2024). L'identification de ces composantes repose sur une revue approfondie des facteurs locaux spécifiques, des conditions socio-économiques et des caractéristiques environnementales.

2. Calcul des indicateurs de vulnérabilité : une fois les indicateurs identifiés, la prochaine étape est leur calcul, ce qui implique la collecte et l'analyse des données quantitatives et qualitatives. Les mesures quantitatives peuvent inclure des données telles que les niveaux de précipitations, les températures moyennes, et les incidences de catastrophes naturelles, tandis que les mesures qualitatives peuvent porter sur la perception des risques par les communautés locales et les capacités institutionnelles. Les méthodes statistiques et les outils d'analyse sont utilisés pour interpréter ces données et obtenir une mesure précise de la vulnérabilité.

3. Calcul des indices des composants majeurs de la vulnérabilité : cette étape consiste à combiner les différents indicateurs pour établir des indices qui reflètent les principaux aspects de la vulnérabilité. Ces indices permettent de synthétiser les informations recueillies et de fournir une évaluation globale de la vulnérabilité pour chaque

pays étudié. Les indices peuvent inclure des aspects tels que l'indice de résilience des écosystèmes, l'indice de sécurité alimentaire, et l'indice de capacité d'adaptation. Chaque indice est calculé en pondérant les indicateurs en fonction de leur importance relative pour la vulnérabilité globale.

4. Obtention et analyse des résultats de la vulnérabilité : la dernière étape implique la présentation et l'analyse des résultats finaux de l'évaluation de la vulnérabilité. Les résultats sont souvent visualisés à l'aide de cartes, de graphiques et de tableaux pour en faciliter l'interprétation. L'analyse des résultats permet d'identifier les zones les plus vulnérables, de comprendre les facteurs contribuant à cette vulnérabilité et de formuler des recommandations pour des actions de mitigation et d'adaptation. Ces conclusions servent de base pour élaborer des politiques et des interventions ciblées visant à renforcer la résilience des communautés et des écosystèmes dans ces pays.

Tableau 2: Facteurs et composantes majeures de la vulnérabilité.

Facteurs de vulnérabilité	Composants majeurs	Sous composants

Sensibilité	Activités	Nombre de personnes pratiquant l'agriculture
		Nombre de personnes pratiquant l'élevage
		Nombre de personnes pratiquant la pêche
	Rendement des activités	Nombre de personnes non satisfaites / pas du tout satisfaite du rendement agricole
		Nombre de personnes non satisfaites / pas du tout satisfaites de la quantité des ressources disponibles pour les animaux durant les cinq dernières années

		Nombre de personnes non satisfaites / pas du tout satisfaites du rendement halieutique
	Ressources naturelles	Nombre de personnes dépendantes des produits forestiers pour satisfaire leurs besoins
	Santé	Nombre de personnes tombées malades à cause de la consommation des eaux locales
Exposition	Evènements extrêmes	Nombre d'enquêtés ayant observé au moins une fois une inondation
		Nombre d'enquêtés ayant constaté un appauvrissement de

		la qualité des sols au cours des cinq dernières années
		Nombre d'enquêtés ayant constaté les impacts des activités de sécurité
		Nombre d'enquêtés ayant observé un réchauffement de la qualité de l'air et de la température au cours des cinq dernières années
	Crises sécuritaires/guerre	Nombre de personnes déplacées en raison de la guerre
		Nombre de personnes vivant dans un contexte de tensions
		Pourcentage de personnes victimes

		des conflits liés à l'eau
	Changement climatique	Nombre de personnes ayant déjà entendu parler des changements climatiques
Capacité adaptative	Economie	Nombre de personnes ayant bénéficié d'un soutien technique ou financier du gouvernement pour la résilience agricole
		Nombre de personne ayant reçu un appui technique/financier du gouvernement pour la résilience halieutique
		Nombre de personnes ayant bénéficié d'un soutien technique ou financier du

		gouvernement pour la résilience agricole
	Mesure d'adaptation	Nombre de personnes ayant participé aux ateliers de formation sur les impacts des changements climatiques et l'adaptation des productions agricoles
		Nombre de personnes ayant participé aux ateliers de formation sur les impacts des changements climatiques et l'adaptation des productions halieutiques
		Nombre de personnes ayant participé aux ateliers de formation sur les

		impacts des changements climatiques et l'adaptation des productions pastorales
		Nombre de personnes ayant pris des mesures locales pour atténuer les impacts des changements climatiques sur les productions agricoles
		Nombre de personnes ayant pris des mesures locales pour réduire les impacts des changements climatiques sur les productions liées à la pêche
		Nombre de personnes ayant pris

		des mesures locales pour atténuer les impacts des changements climatiques sur les productions halieutiques
		Nombre de personnes ayant observé les mesures prises pour réduire la baisse de qualité ou de disponibilité des ressources.

(i) Calcul des indicateurs de vulnérabilité.

L'indice de chaque sous-composant de la vulnérabilité a été calculé en utilisant la formule de Hahn *et al.* (2009) suivante :

$$\text{Isc} = \frac{Sd - Smin}{Smax - Smin}$$

Avec,

Isc représente les sous-composants pour les différents pays ;

Le Nexus Climat-Sécurité-Environnement en Afrique centrale : *Cas du Cameroun, de la République Centrafricaine et du Tchad – Etude financée par L'OIF, réalisée par le Consortium – CEDPE- 2025*

238

Sd correspond aux pourcentages des répondants ;

Smin et Smax sont les valeurs minimale et maximale respectives de chaque sous-composant utilisées lors de la collecte des données dans les différents pays.

(ii) Calcul des indices des composants majeurs de la vulnérabilité

À ce stade, une pondération uniforme est appliquée à toutes les vulnérabilités, et les composantes principales sont ajustées selon la formule suivante (Hahn *et al.*, 2009) :

$$M = \frac{\sum_{i=1}^{n} Isc}{n}$$

Avec

M comme composant majeur ;

n comme nombre de sous-composants de chaque composant majeur,

Isc représentant les sous-composants.

(iii) Obtention des résultats de la vulnérabilité des communautés

A cet effet, la pondération égale a est calculée en utilisant la formule suivante :

$$Ic = \frac{\sum_{i=1}^{n} Mi}{\sum nm} * 100$$

239

Avec

Ic représentant l'indice du composant ;

Mi l'indice en pourcentage des différents composants majeurs des communautés ;

nm est le total de tous les composants majeurs.

Après la pondération de la vulnérabilité et la modération des indicateurs, l'indice de vulnérabilité est calculé en utilisant l'équation développée par Gehendra (2012).

$$V = (E \times S)/AC$$

Tableau 3: Répartition des différentes classes de la vulnérabilité (Fongnzossie et *al.*, 2018).

Indice de la vulnérabilité	Classe
$V \leq 1$	Faible
$1 < V \leq 2$	Moyen
$2 < V < 4$	Elevé
$V \geq 4$	Très élevé

Selon Folke*et al.* (2010), une vulnérabilité plus faible est synonyme de plus grande résilience. Cela signifie que la résilience est l'inverse de la vulnérabilité.

$$R = \frac{1}{V}$$

Faible : R≤ 1 ; Moyen : 1 < R ≤ 2 ; élevé : 2 < R < 4 ; Très élevé R ≥ 4. R représentent la résilience.

III.2.4. Analyse comparative de la vulnérabilité climatique et risques de conflits dans les trois pays

Les facteurs de vulnérabilité, comprenant l'exposition, la sensibilité et la capacité d'adaptation, ont été regroupés en composants majeurs pour une analyse approfondie. Les résultats de cette analyse révèlent des disparités significatives entre les pays étudiés en ce qui concerne leur sensibilité aux effets climatiques et aux conflits associés.

Sensibilité aux effets climatiques et aux conflits : le Cameroun (43,9 %) et la RCA (49,2 %) présentent une faible sensibilité aux effets climatiques potentiellement générateurs de conflits, ainsi qu'aux conséquences des conflits sur le climat et la disponibilité des ressources naturelles. Cette faible sensibilité pourrait indiquer une certaine résilience ou des mécanismes de gestion des conflits plus efficaces dans ces pays. En revanche, le Tchad (80,9 %) montre une sensibilité nettement plus élevée, ce qui suggère que ce pays est davantage vulnérable aux perturbations climatiques et aux conflits qui en découlent.

Exposition aux effets climatiques : le Cameroun (65,2 %) est exposé. La RCA (23,4 %) et le Tchad (30,6 %) sont faiblement exposés aux effets climatiques néfastes sur les conflits d'une part et d'autre part aux conséquences des conflits sur le climat et sur la disponibilité des ressources naturelles.

Capacité d'adaptation : en termes de capacité d'adaptation, le Cameroun (50,7 %) se révèle être le plus apte à faire face aux effets climatiques susceptibles de provoquer des conflits, ainsi qu'aux conséquences des conflits sur le climat et les ressources naturelles. Cette aptitude pourrait être attribuée à des politiques de gestion des ressources naturelles plus robustes ou à des mécanismes de résilience mieux développés. En revanche, la RCA (25,8 %) et le Tchad (29,4 %) montrent une capacité d'adaptation moins développée, ce qui indique une moindre préparation pour faire face aux défis climatiques et aux impacts des conflits sur les ressources naturelles.

Ces résultats mettent en lumière les différences notables entre les pays étudiés en termes de vulnérabilité et de résilience face aux changements climatiques et aux conflits. La figure 56 illustre ces disparités en montrant les variations dans les niveaux d'exposition, de sensibilité et de capacité d'adaptation parmi les pays. Ces *éléments* peuvent guider les politiques et les interventions visant à renforcer la résilience climatique et à atténuer les risques de conflits liés aux changements climatiques.

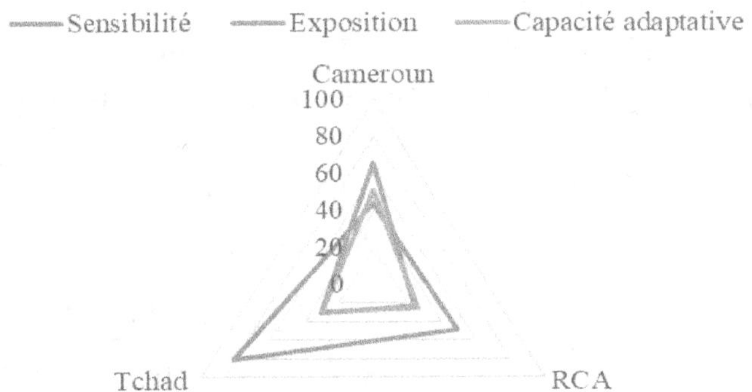

Figure 56 : Diagramme radar des composantes de la vulnérabilité du Cameroun, de la RCA et du Tchad

Les niveaux de vulnérabilité des pays étudiés révèlent que la République Centrafricaine (RCA) présente le plus faible indice de vulnérabilité avec une valeur de 0,44. Ce résultat indique que la RCA est relativement mieux protégée contre les effets climatiques néfastes et les conflits associés. Le Cameroun suit avec un indice de 0,56, montrant également une vulnérabilité modérée, mais légèrement plus élevée que celle de la RCA. Enfin, le Tchad affiche le plus haut indice de vulnérabilité parmi les trois pays, avec une valeur de 0,84. Cette situation suggère que le Tchad est plus exposé et plus sensible aux effets climatiques négatifs et aux impacts des conflits sur le climat et les ressources naturelles.

Le Nexus Climat-Sécurité-Environnement en Afrique centrale : *Cas du Cameroun, de la République Centrafricaine et du Tchad – Etude financée par L'OIF, réalisée par le Consortium – CEDPE- 2025*

D'après la classification présentée dans le Tableau 2, ces indices de vulnérabilité permettent de classer les pays comme ayant un indice de vulnérabilité faible (<1). Cela signifie que, malgré les défis climatiques, ces pays disposent de certaines capacités ou mécanismes qui atténuent leur exposition aux risques climatiques potentiellement générateurs de conflits et leurs conséquences sur les ressources naturelles.

En ce qui concerne la résilience, les résultats de l'analyse montrent que la RCA possède l'indice de résilience le plus élevé, avec une valeur de 2,2. Le Cameroun, avec un indice de résilience de 1,7, présente une résilience également significative, mais à un niveau inférieur par rapport à la RCA. Enfin, le Tchad, avec un indice de 1,1, montre une résilience plus faible, ce qui suggère que ce pays est moins préparé pour gérer les perturbations climatiques et les impacts des conflits.

La Figure 57 et les Tableaux 2 et 3 fournissent des perspectives cruciales sur les niveaux de vulnérabilité et de résilience des pays étudiés. La RCA, avec sa faible vulnérabilité et sa haute résilience, est mieux équipée pour faire face aux défis climatiques et aux conflits. Le Cameroun, bien que présentant une vulnérabilité légèrement plus élevée, dispose d'une résilience relativement robuste. Le Tchad, en plus d'une vulnérabilité élevée, a une capacité de résilience plus limitée. Cela concorde avec l'évaluation de l'Organisation

Internationale pour les Migrations (OIM), qui classe le Tchad parmi les pays les plus vulnérables au changement climatique au niveau mondial (OIM-Tchad, 2022). Ces résultats sont essentiels pour formuler des politiques et des interventions adaptées. Ils soulignent la nécessité d'approches spécifiques pour chaque pays afin de renforcer la résilience et réduire la vulnérabilité. Par exemple, pour le Tchad, des efforts supplémentaires pourraient être nécessaires pour améliorer la capacité d'adaptation et la gestion des ressources naturelles afin de mieux faire face aux défis climatiques et aux conflits. À l'inverse, la RCA et le Cameroun pourraient continuer à renforcer et à optimiser leurs stratégies existantes pour maintenir ou améliorer leur résilience face aux impacts climatiques et aux conflits futurs.

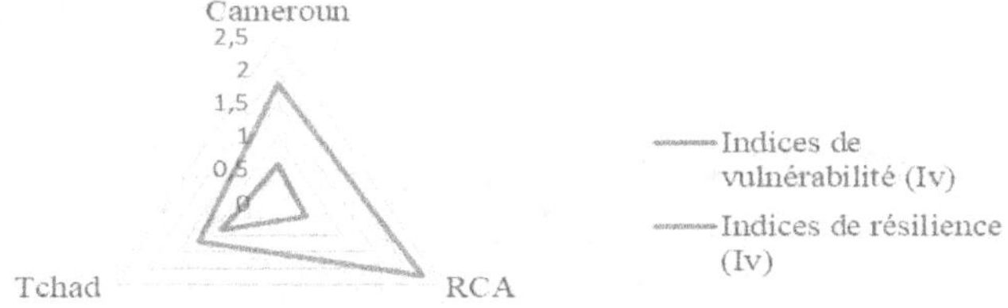

Figure 57 : Diagramme radar présentant le niveau de vulnérabilité et de résilience du Cameroun, la RCA et du Tchad

Recommandations conclusives

Pour atténuer les risques sécuritaires liés au changement climatique, les États doivent jouer un rôle central dans l'élaboration et la mise en œuvre de stratégies et d'initiatives adaptées. Les recommandations issues de ce travail visent à renforcer les stratégies existantes et à améliorer les interventions pour faire face aux défis climatiques et sécuritaires dans la région. En les mettant en œuvre, les États d'Afrique centrale pourront mieux gérer les risques climatiques et sécuritaires, tout en favorisant une gestion durable des ressources et une coexistence pacifique entre les communautés.

Ces recommandations peuvent être mises en œuvre à court et à moyen terme :

Quelques mesures générales

1. Renforcer la coopération régionale

Établir et soutenir des plateformes régionales de coopération : créer des mécanismes formels pour la gestion des ressources transfrontalières, la résolution des conflits liés aux ressources naturelles et la réponse coordonnée aux crises environnementales. Encourager les dialogues réguliers entre les États, les organisations régionales et les communautés locales. Une coopération renforcée facilite la gestion des ressources partagées et permet une réponse coordonnée aux défis climatiques et sécuritaires, réduisant ainsi les risques de conflits transfrontaliers.

En Afrique centrale, plusieurs structures sous-régionales jouent un rôle crucial dans la gestion des risques sécuritaires liés au changement climatique :

•	CEEAC (Communauté Économique des États de l'Afrique centrale) : coordonne les efforts régionaux pour intégrer les enjeux climatiques dans les politiques et stratégies sous-régionales.

•	COMIFAC (Commission des Forêts d'Afrique centrale) : gère les forêts de la région pour lutter contre la déforestation et ses impacts climatiques.

•	CBLT (Commission du bassin du lac Tchad) : qui coordonne les actions de différents États pouvant affecter les eaux du bassin du Tchad et régler pacifiquement les problèmes et différends affectant cette zone.

•	OPGCA (Organisation pour la Prévention et la Gestion des Catastrophes en Afrique centrale) : Coordonne la prévention et la gestion des catastrophes, y compris celles liées au changement climatique.

•	PNUE (Programme des Nations Unies pour l'Environnement) : soutient les pays d'Afrique centrale dans l'adaptation aux impacts climatiques et le renforcement des capacités.

Pour maximiser l'efficacité de ces structures, il est crucial de soutenir et de renforcer leurs capacités et d'encourager une collaboration accrue entre les États membres.

2. Accroître la résilience climatique

Développer des programmes de résilience climatique : mettre en œuvre des projets visant à améliorer la résilience des communautés face aux impacts du changement climatique, tels que la construction d'infrastructures résilientes, la promotion de pratiques agricoles durables, et l'amélioration des systèmes d'alerte précoce. Renforcer la résilience des communautés permet de mieux faire face aux impacts des changements climatiques, de réduire les risques de conflits liés aux ressources et de protéger les moyens de subsistance locaux.

3. Promouvoir une gestion intégrée des ressources

Élaborer et appliquer des politiques de gestion intégrée des ressources naturelles : Adopter des approches de gestion durable qui équilibrent les besoins des différents groupes tout en minimisant les conflits et les impacts environnementaux. Encourager des pratiques telles que l'agroforesterie, le travail du sol de conservation et l'agriculture biologique. Une gestion intégrée permet de prévenir les conflits liés aux ressources en tenant compte des besoins de tous les acteurs et en assurant une utilisation durable des ressources naturelles.

4. Renforcer les capacités institutionnelles nationales et locales

Soutenir le développement des capacités des institutions locales et nationales : investir dans la formation des institutions responsables de la gestion des ressources naturelles et de la sécurité. Assurer une meilleure coordination entre les niveaux de gouvernance pour une réponse plus efficace aux crises. Des institutions fortes et bien préparées sont essentielles pour une gestion efficace des crises climatiques et sécuritaires. Le renforcement des capacités institutionnelles améliore la gouvernance et la mise en œuvre des politiques.

Les institutions nationales au Cameroun, RCA et au Tchad qui pourraient bénéficier du renforcement des capacités incluent principalement les ministères responsables de l'environnement, de l'agriculture, de la sécurité publique, de la défense et des infrastructures. Au Cameroun, cela comprend le ministère de l'Environnement, de la Protection de la Nature et du Développement Durable (MINEPDED), le ministère des Forêts et de la Faune (MINFOF), le ministère de la Sécurité Publique, le ministère de la Défense, ainsi que l'Observatoire National des Changements Climatiques (ONCC), qui joue un rôle crucial dans la surveillance des impacts climatiques. En RCA, les institutions pertinentes sont le ministère de l'Environnement et du Développement Durable, le ministère de l'Agriculture et de l'Élevage, ainsi que les ministères de la Sécurité Publique et de la Défense. Au Tchad, les ministères clés sont ceux de l'Environnement et de la Pêche, de l'Agriculture et de la Production Animale, ainsi que de la Sécurité Publique et de la Défense. Renforcer ces institutions peut améliorer leur gestion des ressources naturelles et leur capacité de réponse aux crises climatiques et sécuritaires.

5. Encourager la participation communautaire

Impliquer les communautés locales dans la planification et l'exécution des initiatives environnementales : assurer que les communautés locales participent activement à la conception et à la mise en œuvre des projets environnementaux. Faciliter leur engagement dans les processus décisionnels concernant la gestion des ressources naturelles. L'implication des communautés locales permet d'assurer que les solutions sont adaptées aux réalités locales et acceptées par les parties prenantes, ce qui renforce leur efficacité et leur durabilité.

6. Augmenter le financement pour l'environnement

Réallouer des ressources financières vers des projets environnementaux et de gestion des conflits : prioriser le financement des initiatives environnementales et de gestion des risques plutôt que les dépenses militaires. Explorer des opportunités de financement international et de partenariats pour soutenir ces projets. L'allocation de ressources financières aux projets environnementaux contribue à la prévention et à l'atténuation des crises liées aux changements climatiques et à réduire les tensions.

7. Optimiser la collecte de données et l'usage des nouvelles technologies

Cela implique l'établissement de systèmes de surveillance environnementale, tels que des réseaux de capteurs et l'utilisation de satellites, pour un suivi en temps réel des conditions climatiques et des ressources naturelles. Il est également essentiel de renforcer les capacités locales par des formations sur les technologies de collecte de données, tout en promouvant l'accès à des plateformes de données ouvertes pour faciliter la transparence et la prise de décision éclairée. En intégrant des outils d'intelligence artificielle pour prédire les impacts climatiques et développer des applications mobiles pour des alertes précoces, on peut améliorer la résilience des communautés.

Quelques mesures urgentes à adopter

1. Suivi du contenu

Mettre en place des systèmes de suivi de la végétation et de la qualité des terres : développer des mécanismes de surveillance réguliers pour évaluer les changements environnementaux et l'efficacité des interventions. Un suivi régulier permet d'ajuster les stratégies en fonction des évolutions environnementales et d'évaluer l'impact des mesures prises.

2. Pratiques de gestion durable des terres

Adopter des pratiques telles que l'agroforesterie et l'agriculture biologique : mettre en œuvre des méthodes agricoles durables pour réduire la dégradation des terres et améliorer la couverture végétale. Les pratiques de gestion durable des terres contribuent à la préservation de la qualité des sols et à la réduction des impacts environnementaux négatifs.

3. Mise en œuvre de projets de reforestation et d'afforestation

Encourager la reforestation et soutenir les initiatives d'afforestation : restaurer les zones dégradées et augmenter la couverture forestière pour améliorer la résilience environnementale. La reforestation et l'afforestation augmentent la couverture végétale, améliorant ainsi la résilience des écosystèmes aux impacts climatiques.

4. Application des lois et régulations

Renforcer l'application des lois contre l'abattage illégal et la conversion des terres : assurer une stricte application des régulations environnementales pour protéger les ressources naturelles. Une application rigoureuse des lois environnementales est cruciale pour prévenir la déforestation illégale et la dégradation des terres.

5. Efforts de conservation basés sur la communauté

Promouvoir les initiatives communautaires pour la conservation : impliquer les communautés locales dans la protection des zones forestières clés et dans les activités de conservation. Les initiatives communautaires renforcent la gestion locale des ressources naturelles et favorisent une conservation durable.

6. Programmes de sensibilisation et d'éducation

Réalisation des programmes de sensibilisation sur l'importance de la couverture végétale et des pratiques de gestion durable des terres : impliquer activement les communautés dans les efforts de conservation et les processus de décision. La sensibilisation et l'éducation favorisent des pratiques de gestion durable et renforcent la compréhension des enjeux environnementaux.

7. Elaborer un arsenal juridique dédié à la lutte contre le changement climatique dans les trois pays.

8. Organiser des ateliers sur les méthodes agricoles durables et la conservation des sols

Former les agriculteurs et les gestionnaires de terres aux meilleures pratiques pour maintenir et améliorer la qualité des sols et la couverture végétale. La formation permet aux acteurs locaux de mettre en œuvre des pratiques durables, contribuant ainsi à la gestion efficace des terres et à la réduction des impacts environnementaux.

3. Quelques mesures plus spécifiques et relativement urgentes à adopter

1. Protection et formation pour les femmes et les enfants face aux impacts du changement climatique

Accorder une attention particulière à la mise en place de programmes de protection et de formation en faveur des femmes et des enfants au Cameroun, en RCA et au Tchad. Le rapport révèle que les femmes sont souvent contraintes de se déplacer fréquemment pour assurer leur sécurité et celle de leurs enfants ou pour trouver de l'eau et de la nourriture.

2. Systèmes d'alerte précoce et infrastructures de gestion climatique

Développer des systèmes d'alerte précoce et poursuivre des recherches scientifiques pour surveiller les changements climatiques et les phénomènes naturels via des satellites. Etablir une carte nationale des zones menacées par les inondations, régulièrement mise à jour, afin de mieux préparer les réponses. Cela inclut la création de barrages, de lacs artificiels et montagnards (notamment au Cameroun) avec des matériaux capables de résister à la pression des inondations. Ces réservoirs pourront aussi acheminer l'eau vers les zones touchées par la sécheresse via des canalisations adaptées.

3. Coopération scientifique régionale

Promouvoir la collaboration entre les centres de recherche des pays voisins disposant d'expertises humaines qualifiées pour mener des études environnementales et climatiques, en s'inspirant des modèles collaboratifs européens.

4. Supervision continue des systèmes de drainage des eaux de crue

Veiller en permanence à ce que les canaux et les systèmes de drainage conçus pour évacuer les eaux de crue soient protégés contre toute construction ou obstruction par les habitants.

5. Développement de projets modernes de pisciculture au Tchad

Créer des fermes piscicoles modernes au Tchad notamment dans le lac Fitri (zone d'étude) afin d'atteindre plusieurs objectifs simultanément :

- Réduction des conflits et des tensions communautaires

Mettre en œuvre un projet à grande échelle regroupant tous les pêcheurs sous des systèmes de gestion modernes et stricts, ce qui permettra de créer des opportunités d'emploi tout en garantissant la durabilité des ressources halieutiques du lac. Cela pourrait permettre le remplacement des méthodes de pêche traditionnelles actuellement utilisées, qui, selon les réponses des participants, ont un impact négatif sur les ressources halieutiques du lac.

- Amélioration de la qualité de l'eau du lac Fitri

Le projet mentionné ci-dessus contribuerait également à nettoyer et purifier l'eau du lac. Les déchets de poissons pourraient être utilisés comme engrais organique pour les terres agricoles environnantes, créant ainsi une synergie entre agriculteurs et éleveurs, remplaçant les tensions actuelles par une collaboration bénéfique.

- Aménagements pour les éleveurs

Prévoir des zones spécifiques pour l'abreuvement des animaux, équipées de stations de désalinisation.

- S'inspirer de l'expertise égyptienne

Le Tchad pourrait tirer parti de l'expertise égyptienne dans le développement des ressources halieutiques, notamment à travers les projets réalisés dans les lacs Manzala, Burullus et Bardawil.

L'Égypte a également réussi, au cours des dernières années, à établir le projet Ghalioun dans le gouvernorat de Kafr El-Sheikh, le plus grand projet piscicole en Afrique et l'un des plus importants au monde.

En outre, la réhabilitation de l'ensemble des lacs en Égypte a permis de créer davantage d'emplois et d'augmenter les stocks de poissons, mettant fin aux conflits entre pêcheurs et à la diminution des ressources halieutiques dans ces lacs.

6. *Renforcement des infrastructures éducatives et professionnelles au Cameroun, en RCA et au Tchad :*

Au Cameroun, il est indispensable de mettre en place des écoles éducatives tout en exploitant le temps des élèves à l'école pour les former à des métiers artisanaux. Cela permettrait aux élèves de contribuer au revenu familial et de sortir la société du cercle prolongé depuis des décennies, où les enfants deviennent soit agriculteurs, soit éleveurs. Ainsi, les activités économiques se diversifieraient, notamment grâce à des formations dans le domaine de la transformation agroalimentaire. En outre, les écoles pourraient être un espace pour promouvoir une culture de tolérance et d'acceptation de l'autre, ce qui est essentiel pour réduire les tensions dans la société. En République centrafricaine, par exemple, il a été observé des tensions religieuses entre chrétiens et musulmans, tandis qu'au Cameroun, les tensions linguistiques et ethniques subsistent entre anglophones et francophones. Au Tchad, les tensions sont plus complexes, impliquant non seulement des divisions ethniques et religieuses, mais aussi des conflits internes entre membres d'une même confession.

7. *Création de centres de formation agricole et pastorale au Cameroun*

Créer des centres permanents au Cameroun afin de former les agriculteurs aux méthodes modernes et les aider à passer d'une agriculture de subsistance à une agriculture commerciale.

Fournir des formations similaires à des éleveurs afin de leur permettre d'améliorer les pratiques pastorales et les rendre plus rentables et durables.

8. *Prévenir les tensions à Foumban (Cameroun)*

Les résultats du rapport indiquent un risque accru de tensions dans la région de Foumban dans un avenir proche. Il est recommandé que les autorités locales, les organisations de la société civile et les leaders religieux et traditionnels collaborent pour organiser des sessions de dialogue axées sur la tolérance et la coexistence pacifique.

9. Une meilleure gestion de l'eau

Les autorités locales devraient mettre à disposition des puits appartenant à l'État, car de nombreux habitants de la République centrafricaine dépendent de puits détenus par des personnes non qualifiées, ce qui fait que l'eau n'est ni purifiée ni disponible dans des conditions appropriées pour la consommation humaine ou animale.

En République centrafricaine, il est essentiel d'organiser des campagnes visant à éduquer les femmes sur l'importance de la cohabitation pacifique et de la tolérance, en particulier lors de leurs interactions avec des membres d'autres tribus lorsqu'elles collectent de l'eau. Ces campagnes visent à réduire les conflits sociaux. Car près d'un quart des répondants ont relevé que l'eau était une cause principale des conflits entre les habitants et les tribus lorsqu'elle se rend chercher de l'eau.

 Dans les trois pays capables, il faudrait mettre en place des réseaux d'eau potable capables de résister aux divers phénomènes climatiques tels que les températures élevées, les inondations et les crues, tout en coordonnant cette action avec les communautés locales, y compris les éleveurs et les habitants.

10. Réconciliation politique et résolution des conflits

Il est essentiel d'accepter les médiations internationales visant à résoudre les conflits et les différends internes, en s'assurant qu'elles soient menées de manière complémentaire et régionale, et non de façon unilatérale. Cela est d'autant plus pertinent compte tenu des conclusions du rapport sur l'impact négatif des conflits sur l'environnement, à travers les munitions utilisées et les activités nuisibles à l'environnement menées par les groupes armés.

De plus, les conflits internes poussent les populations à fuir massivement d'une localité à une autre au sein du même pays ou à migrer vers les pays voisins. Ces déplacements, motivés par les violences et les destructions, exercent une pression sur les ressources disponibles et créent des tensions entre les populations résidentes et les nouveaux arrivants.

Par conséquent, il est essentiel de donner la priorité à la résolution politique des conflits, tout en évitant de promettre aux membres des groupes armés leur intégration dans les forces militaires et policières. Au lieu de cela, les accords de paix doivent prévoir des formations pour les membres des milices et des groupes rebelles, en coordination avec les donateurs internationaux, afin de leur enseigner des métiers alternatifs qui leur permettront de trouver de nouvelles sources de revenus et de les intégrer de manière productive dans la société, afin d'éviter qu'ils ne retournent à la rébellion pour des raisons économiques.

11. *Demandes de compensation collective et coordination des efforts*

Il est recommandé de soumettre une demande de compensation de manière collective et dans le cadre d'une union composée des trois pays concernés par l'étude. En se basant sur les résultats de ce rapport et d'autres rapports similaires, cette démarche permettrait d'obtenir des financements pour des projets liés à l'adaptation au climat auprès du Fonds pour les compensations des catastrophes et des pertes, qui a été adopté lors de la COP27 à Sharm El-Sheikh.

12. *Transition vers l'énergie propre et réduction de la dépendance au bois et au charbon*

Il est également nécessaire de mettre en place un programme de financement pour remplacer les modes de cuisson utilisant du bois et du charbon dans les trois pays, des pratiques largement répandues, notamment dans les zones rurales, par des moyens de cuisson utilisant des énergies propres.

Il est essentiel de mener des campagnes de sensibilisation auprès des femmes sur les effets négatifs des méthodes traditionnelles sur leursanté, celle de leurs enfants et sur l'environnement. En effet, les femmes ont indiqué qu'elles utilisaient ces méthodes en raison de l'héritage culturel et du manque alternatives pour cuisiner. Pour opérer un changement durable de ces habitudes, un effort organisé de la part des autorités locales et de la société civile est indispensable.

13. *Mise en œuvre de projets de reforestation et d'afforestation*

Encourager la reforestation et soutenir les initiatives d'afforestation pour restaurer les zones dégradées et augmenter la couverture forestière pour améliorer la résilience environnementale. La reforestation et l'afforestation augmentent la couverture végétale, améliorant ainsi la résilience des écosystèmes aux impacts climatiques.

14. Application des lois et régulations

Il est essentiel d'assurer une application stricte des régulations environnementales afin de protéger les ressources naturelles. Une application rigoureuse des lois environnementales est cruciale pour prévenir la déforestation illégale, la conversion des terres agricoles en zone de culture ou d'exploitation et la dégradation des écosystèmes. En RCA, les dispositions du code forestier relatives à l'exploitation illégale du bois nécessitent un renforcement pour mieux encadrer et sanctionner ces pratiques. Cela pourrait inclure l'amélioration des mécanismes de contrôle et l'accroissement des sanctions pour les contrevenants. Au Cameroun, l'application du Code forestier et des régulations sur l'exploitation des ressources naturelles est indispensable pour limiter l'abattage illégal, la conversion des terres agricoles en zones de culture ou d'exploitation et la surexploitation des forêts. Il est crucial de mettre en place des mécanismes de surveillance efficaces et d'assurer une coopération étroite entre les autorités et les communautés locales pour renforcer l'application des lois. Au Tchad, bien que des efforts aient été réalisés pour encadrer la gestion des ressources forestières, la lutte contre l'exploitation illégale du bois et la dégradation des terres nécessite une vigilance accrue. Une meilleure coordination entre les autorités locales, les communautés et les acteurs de la société civile est essentielle pour une gestion durable des ressources naturelles. Cela inclut la mise en place de stratégies de prévention, de sensibilisation et de contrôle rigoureux.

15. Suivi continu

Pour mettre en place des systèmes de suivi de la végétation et de la qualité des terres, il est essentiel de développer des mécanismes de surveillance réguliers pour évaluer les changements environnementaux et mesurer l'efficacité des interventions. Un suivi constant permet d'ajuster les stratégies en fonction des évolutions environnementales et d'évaluer l'impact des mesures prises, afin d'assurer une gestion durable des ressources. Pour le Tchad, un suivi agroécologique a été lancé par le Centre International pour la Recherche en Agroforesterie (l'ICRAF) dans le cadre du Projet d'Amélioration de la Résilience des Systèmes Agricoles au Tchad PARSAT. Il serait pertinent de capitaliser sur ces acquis en les intégrant dans une institution pérenne, telle que la Direction de Lutte contre les Changements Climatiques, pour garantir la continuité et l'efficacité du suivi environnemental à long terme. Au Cameroun, des initiatives telles que le Système d'Alerte Précoce (SAP) pour la gestion des terres et des ressources naturelles ont déjà été mises en place. Ce système permet de suivre les dynamiques de déforestation, de dégradation des terres et de végétation, en collaboration avec des acteurs locaux et internationaux. Le pays pourrait renforcer ses mécanismes de suivi en s'inspirant des modèles développés au Tchad, tout en renforçant les capacités des institutions nationales, notamment le ministère de l'Environnement, de la Protection de la Nature et du Développement Durable (MINEPDED), afin de mieux évaluer l'impact des projets environnementaux et d'adapter les actions de restauration des terres. En RCA, des efforts sont déjà en cours grâce à des ONG et des projets tels que le Projet de gestion durable des ressources naturelles, soutenu par des partenaires internationaux[17]. La mise en place d'un système de suivi agroécologique structuré renforcerait les politiques publiques et offrirait un soutien supplémentaire aux communautés dans la gestion durable de leurs ressources naturelles.

---

[17] PNUD, CILSS, FEM, CNULCD , CBLT...

Limites de l'étude

Il est crucial de souligner que cette étude se concentre uniquement sur deux sites par pays, ce qui limite considérablement la portée de ses conclusions. Une telle approche restreinte ne permet pas de capturer l'intégralité des dynamiques conflictuelles liées au climat et à la gestion des ressources naturelles dans chaque pays. Les conflits peuvent varier de manière significative selon les contextes locaux et les divers facteurs socio-économiques. Les typologies observées sur les sites couverts par l'étude ne reflètent pas nécessairement la diversité des tensions qui peuvent exister par ailleurs. Par exemple, au Cameroun, d'autres régions telles que le septentrion avec la présence de Boko Haram, la zone frontalière avec la République Centrafricaine, qui connaît un important afflux de réfugiés, et les régions du Nord-ouest et du Sud-ouest en crise auraient pu être explorées. Pour la République Centrafricaine, il aurait été pertinent d'inclure des zones affectées par des conflits armés récurrents ou des régions sujettes à des déplacements massifs de populations. De même, pour le Tchad, des régions comme l'Est qui accueille des retournés et réfugiés soudanais, ainsi que le Sud où les conflits ethniques et les migrations se manifestent différemment, auraient pu enrichir l'analyse.

Les dynamiques climatiques et environnementales varient également considérablement au sein d'un même

Le Nexus Climat-Sécurité-Environnement en Afrique centrale : *Cas du Cameroun, de la République Centrafricaine et du Tchad – Etude financée par L'OIF, réalisée par le Consortium – CEDPE- 2025*

pays. Se concentrer sur seulement deux sites peut ne pas représenter adéquatement les variations climatiques et leurs impacts sur la gestion des ressources et les conflits locaux. Par exemple, au Cameroun, souvent qualifié d'Afrique en miniature, la zone sahélienne et les zones purement forestières n'ont pas été prises en compte. Ainsi, les données provenant des deux sites étudiés peuvent ne pas refléter les pratiques locales variées ni les impacts des migrations et des déplacements dans d'autres zones. Pour obtenir une vision plus complète des dynamiques conflictuelles et environnementales liées au changement climatique, il serait pertinent d'élargir l'étude à davantage de sites ou de contextes géographiques afin de saisir pleinement la complexité des enjeux à l'échelle régionale. Les contraintes sécuritaires et budgétaires ont malheureusement limité la portée de la présente phase de l'étude.

Enfin, la nature ponctuelle de l'étude, centrée sur des périodes spécifiques (mai – juin 2024), constitue une limite supplémentaire. Les tendances climatiques et les dynamiques conflictuelles évoluent dans le temps et peuvent être influencées par des événements ou des changements récents non couverts par l'étude. Pour obtenir une vue plus complète et nuancée des enjeux climatiques et sécuritaires, il serait nécessaire d'inclure des observations sur des périodes plus longues afin de mieux appréhender la complexité et l'évolution des problématiques à l'échelle régionale.

265

Source et références bibliographiques

AmidouYekini, (2019). La mise en œuvre du droit applicable aux changements climatiques : cas du Benin, Op cit, p.219.

Amuzu, J., Kabo, B.A.T., Jallow, B. P., Yaffa, S. (2018). Households' Livelihood Vulnerability to Climate Change and Climate Variability: A Case Study of the Coastal Zone, the Gambia. Journal of Environment and Earth Science, l (8): 35-46.

AU (2021). African Union Climate Strategy. African Union.

Banque Mondiale (2012). Transformer l'agriculture au Sahel comment y parvenir ? https://www.worldbank.org/content/dam/Worldban k/document/Africa/transforming-agriculture-in-the-sahel-background-note-french.pdf.

Banque mondiale (2016). Revue de la gestion financière des forces de défense et de sécurité en République Centrafricaine (French). Washington, D.C World Bank Group. http://documents.worldbank.org/curated/en/ 316711513553601524/Revue-de-la-gestion-financière-des-forces-de-défense-et-de-sécurité-en-République-Centrafricaine.

Barichivich, J., Briffa, K. R., Myneni, R. B., Osborn, T. J., Melvin, T. M., Ciais, P., Piao, S., Tucker, C. (2013). Large-scale variations in the vegetation growing season and annual cycle of atmospheric CO_2 at high northern latitudes from 1950 to 2011. Global Change Biology, 19(10), 3167–3183. https://doi.org/10.1111/gcb.12283.

Battistela, D. (2015). Théories des relations internationales, Paris, Presses de Sciences po.

BBC (2023). Libya Floods: More than 150 Dead in Torrential Rain. BBC News.

Belani Masamba, J., Mpanzu Balomba, P., Ngonde Nsakala, H., Kinkela Savy, C. (2023). État des lieux de l'utilisation des énergies de cuisson, dans les ménages de Kinshasa : analyse de la substitution du bois-énergie. Bois et Forêts des Tropiques, 355: 35-46. Doi

Berge, M., Parrod, C., Pastel, A., Saffache, P. (2024). « Perceptions et mécanismes de compréhension du changement climatique dans le centre de la Martinique (Antilles françaises) », Études caribéennes [En ligne], 53 | Décembre 2022, mis en ligne le 15 décembre 2022, consulté le 07 août 2024. URL : http://journals.openedition.org/etudescaribeennes/2 5161; DOI: https://doi.org/10.4000/etudescaribeennes.25161.

Brandt, J., Ertel, J., Spore, J., Stolle, F. (2023). Wall-to-wall mapping of tree extent in the tropics with sentinel-1 and sentinel-2. Remote Sensing of Environment, 292, 113574. https://doi.org/10.1016/j.rse.2023.113574 (Accessed through Global Forest Watch on 29/08/2024).

Brottem, L.V. (2016). Environmental change and farmer–herder conflict in agro-pastoral West Africa'. Human Ecology 44(5): 547–563.

Buzan, B. (1991). People, "states, and fear: an agenda for international security studies in the post-cold war", Harvester weatsheap.

Care, (2014). Analyse Rapide Genre au sein des réfugiés de la RCA et les communautés hôtes à Timangolo, Lolo, Mbilé. Département de la Kadey-Est Cameroun Rapport-RGA-Cameroon-30-sept-2014-final.pdf (careevaluations.org) consulté le 09 08 2024 à 8h.

Cattiaux, J., Chauvin, F., Douville, H., Ribes, A. (2018). Événements météorologiques extrêmes et changement climatique, Encyclopédie de l'Environnement. Consulté le 9 août 2024 [en ligne ISSN 2555-0950] url : https://www.encyclopedie-environnement.org/climat/evenements-meteorologiques-extremes-changement-climatique/.

Chauvin, H. (2016). Les précipitations extrêmes sont bien causées par le changement climatique. Publié le 9 juillet 2021 à 09h13 sur reporterre.net.

Chelini-Pont, B. (2013). La religion facteur de cohésion sociale. Presses Universitaires de Clermont (Presses Universitaires Blase Pascal). Religions et sociétés en Nouvelle-Calédonie et en Océanie. ffhal-02196432.

Chimi, P.M., Mala, A.W., Ngamsou, A.K., Fobane, J.F., Manga, E.F., Matick, J.H., Pokam, E.Y.N., Tcheferi, I., Bell, J.M. (2023). Vulnerability of family farming systems to climate variability and change: the case of the production basin of the forest-savannah transition zone, Centre Cameroon región. Earth Systems and Environment. Reseach in Globalization. 1-17. http://doi.org/10.1016/j.resglo.2023.100138

Conciliation Resources (2016). République centrafricaine : gros plan sur le conflit.cr@c-r.org août 2016.

Cramer, B. (2011). Les incidences des changements climatiques sur La sécurité : sécuriser la planète ou la « climatiser » ? Recherches internationales, n° 90, avril-juin 2011, pp. 31-51.

CREFAT (2017). Rapport sur la mesure du dividende démographique du Tchad. Rapport Projet Sahel

Women's Empowerment and Demographic Dividend (SWEDD), Août 2017, 102p.

DAI (2021). Analyse Genre Tchad. DAI Global Belgiumsrl Avenue de l'Yser, 4 1040 Etterbeek Brussels, Belgium www.dai.com.

Dethier, R.M. (2018) Gestion(s) de conflit(s). Les Cahiers Internationaux de Psychologie Sociale Numéro 3 119-120 : 269 - 318

Denmat, P., Gonin, A. (2022). Les défis multiples des agricultures africaines : in Libourel Éloïse et Gonin Alexis, Agriculture et changements globaux, Atlande.

Diallo, A., Renou, Y., (2014). Changement climatique, migrations environnementales et politiques d'adaptation. Monde en développement, Vol.436-2015/4-n°172.

Du Bois, S. M. J. (2005). La mise en route du Protocole de Kyoto à la CCNUCC : in Annuaire français du droit international, Vol 5, 2005, pp. 433-463.

Durkheim, E. (1900). La sociologie et son domaine scientifique. Version française d'un article publié en italien, « La sociologia e il suo domino scientifico » in Rivistaitaliana di sociologia, 4, 1900, pp 127-148. Réimpression dans Émile Durkheim, Textes. 1. Éléments d'une théorie sociale, pp. 13 à 36. Collection Le sens commun. Paris : Éditions de Minuit, 1975, 512 pages.

Emam W W.M. (2024a). Vegetation Change Detection in Western Cameroon. African Centre for Research and Strategic Studies (ACRESS), Cairo. P10.

Emam W W.M (2024b). Vegetation Dynamics in Kémo, Central African Republic. African Centre for Research and Strategic Studies (ACRESS), Cairo. P11.

Emam W W.M (2024c). Vegetation Dynamics in Batha and Guéra Regions, Tchad. African Centre for Research and Strategic Studies (ACRESS), Cairo. P26.

Emmanuel, D. (2007). La COMIFAC. Revue juridique de l'environnement, n°2, 2007, p.203-213.

Euvé, F. (2022). Les visions religieuses de l'écologie dans Annales des Mines. Responsabilité & environnement N° 107, pages 35 à 38.

FAO AQUASTAT, (2024): AQUASTAT: FAO's global information system on water and agriculture. Food and Agriculture Organization of the United Nations. https://data.apps.fao.org/aquastat/?lang=en&share=f-d8be5d7b-0766-4cf8-aefc-167fc9d32242.

FIDA (2016). L'avantage des savoirs traditionnels : les savoirs des peuples autochtones dans les stratégies d'adaptation au changement climatique et d'atténuation de ses effets. FIDA. Investir dans les populations rurales, ISBN 978-92-9072-657-9 Imprimé Mai 2016.

Folke, C. (2006). Resilience: The emergence of a perspective for social–ecological systems analyses. Global Environmental Change, 16(3), 253-267. https://doi.org/10.1016/j.gloenvcha.2006.04.002.

Folke, C.S.R., Carpenter, S.B., Walker, M., Scheffer, T., Charpin Rockström, J. (2010). Resilience thinking: integrating resilience adaptability and transformability. Ecology and society, 15: 854.

Fongnzossie, F.E., Sonwa, D.J., Kemeuze, V., Mengelt (2018). Assessing climate change vulnerability and local adaptation strategies in adjacent communities in Kribi-Campo coastal ecosystems, south Cameroon. Urbanclimate., 24: 301-329.

Funwi, P.F., Mala, A.W., Sonwa, J.D., Oishi, T. (2019). Exploring farmers' vulnerability and agrobio diversity in perspective of adaptation in Southern Cameroun. ASC-TUFS, 259-278.

Gehandra, B.G. (2012). Community adaptation to climate change vulnerability assement – tol and methodologies; enhancing community adaptation to climate change'. Paper presented at the 2nd Asia-Pacific climate change Adaptation Forum, 12-13 March 2012, Bangkok, Thailand.

GIEC (2022). Sixième rapport d'évaluation du GIEC. https://www.ipcc.ch/report/ar6/wg1/

Global Report on Internal Displacement (2024). The Geneva: Internal Displacement Monitoring Centre, 2024) p 28

Hadizatou Alhassoumi, (2021) Dynamisme des mouvements de femmes rurales et processus d'affirmation dans l'action collective, GRAIN DE SEL N°80, pp 23-24.

Hahn, B.M., Anne, M., Riederer, M. A., Foster, O. S. (2009). The livelihood vulnerability index: A pragmatic approach to assessing risk from climate variability and change – a case study in Mozambique. Global Environmental Health Program, 81.

Hamrouni, M. (2015). La participation des pays en développement aux accords environnementaux, Paris, Pédone, 2015, P. 40.

IFDD (2021). Institut de la Francophonie pour le Développement Durable (IFDD), Cartographie du droit de l'environnement en Francophonie. www.ifdd.francophonie.org, consulté le 1-9-2023.

IPCC (2007). Climate Change 2007: The Physical Science Basis. Contribution of Working Group I to the Fourth Assessment Report of the

Intergovernmental Panel on Climate Change [S. Solomon, D. Qin, M. Manning, et al. (Eds.)]. Cambridge University Press. https://www.ipcc.ch/report/ar4/wg1/.

IPCC (2007). Working Group II. Contribution to the Fourth Assessment Report of the Intergovernmental Panel on climate Change. Cambridge University Press, 987.

IPCC (2014). Climate Change 2014: Mitigation of Climate Change. Contribution of Working Group III to the Fifth Assessment Report of the Intergovernmental Panel on Climate Change. Cambridge University Press.

IPCC (2022). *Climate Change 2022: Impacts, Adaptation, and Vulnerability.* Contribution of Working Group II to the Sixth Assessment Report of the Intergovernmental Panel on Climate Change [H.-O. Pörtner, D.C. Roberts, V. Masson-Delmotte, et al. (Eds.)]. Cambridge University Press. https://www.ipcc.ch/report/ar6/wg2/.

IRAM (2019). Adaptation aux changements climatiques et renforcement de la résilience au Tchad : diagnostic et perspectives. BRACED septembre 2019.

Kah H. K. (2014). Anti-balaka/séléka, religionisation'and separatism in the history of the Central African Republic. *Conflict Studies Quarterly*, (9).

Kamto, M. (1991). Les conventions régionales sur la conservation de la nature et des ressources naturelles en Afrique et leur mise en œuvre. Revue Juridique de l'Environnement, 1991, pp. 417 – 442.

Larrère, C. (2023). Quand l'écologie rencontre la religion. Archives de sciences sociales des religions [En ligne], 190 | avril-juin, mis en ligne le 03 janvier 2023, consulté le 09 août 2024. URL : http://journals.openedition.org/assr/51062 ; DOI : https://doi.org/10.4000/assr.51062.

Mekouar Mohamed Ali, (2018). La gouvernance mondiale du climat : entre New york, Paris et Marrakech. Revue Africaine de Droit de l'Environnement N°3, 2018, p. 163.

Mevono Mvogo, D. (2016). L'application par le Cameroun des instruments juridiques internationaux de lutte contre les changements climatiques, Université de Limoges, Master en Droit international et comparé de l'environnement, 2016, p54.

MINPROFF – INS, (2012). Ministère de la promotion de la femme et de la famille MINPROFF -INS: Hommes et Femmes au Cameroun, une analyse situation des progrès en matière de genre _ mars 2012.

Ministère de la justice et de la promotion des droits humains du burkina faso (2019). Manuel de prévention et de gestion des conflits entre agriculteurs et éleveurs. 90 P

Ngono, E. S. (1992). Le Cameroun et la Convention Cadre des Nations Unies Contre les Changements Climatiques (1992-2015, Op cit, p 89.

OIM-Tchad, (2022). Migration, environnement et changement climatique. OIM-Tchad.

Oumba, P. (2009). Rappel sur les lois et les institutions encadrant les changements climatiques. Atelier de formation des organisations de la société civile sur les changements climatiques et les énergies propres, 19 et 20 septembre 2009.

Oumba, P. (2012). Le rôle des organisations sous régionales dans l'intégration et le développement du droit international de l'environnement en Afrique centrale. Revue Africaine de Droit de l'Environnement • n°00, 2012, pp. 42-54.

Petel, M. (2020). Analyse de l'usage stratégique des droits de l'homme au sein du contentieux climatique. MPIL Researche Paper, Série n° 20, 2020, p. 3.

Plateforme CARE sur le changement climatique et la résilience (CCRP) (2019). Manuel d'Analyse des vulnérabilités et des capacités d'adaptation aux changements climatiques, version 2.0. 79p

PNUD, (2023). La RCA et la lutte contre les changements climatiques : la feuille de route et le plan d'action national de la mise en œuvre de la CDN validée _ consulté 4 /07/2023.

ProFEC, (2024). Cartographie des droits fonciers sur les espaces en cours de restauration dans le paysage forestier au nord de Maroua. Hermann Taedoumg. Rapport technique, 36 p.

Rapport annuel de Stockholm International Peace Research Institute (SIPRI: armements, désarmement et sécurité internationale, 2021, Dépenses militaires (% du PIB) - Chad | Data (banquemondiale.org).

Reounodji, F. (2003). Espaces, sociétés rurales et pratiques de gestion des ressources naturelles dans le sud-ouest du Tchad : vers une intégration agriculture élevage. Thèse de Doctorat de l'Université de Paris I. 406 p.

SEEAC 2011. Secrétariat pour l'Evaluation Environnementale en Afrique Centrale (SEEAC), Etat des lieux du cadre législatif, institutionnel et procédure de l'évaluation environnementale en Afrique centrale, août 2011, p. 99.

Sokona, Y. (2014). Coprésident du Groupe de travail II du GIEC, conclusions du 5e Rapport d'évaluation : les changements climatiques pourraient avoir des incidences irréversibles et dangereuses, mais il existe des options pour limiter les effets, 2 novembre 2014, 13e Paragraphe.

Sougnabe, P. S. (2003). Conflits agriculteurs-éleveurs en zone soudanienne au Tchad : une étude comparée de deux régions : Moyen-Chari et Mayo-Kebbi, 8 p. ffhal-00136995f.

Sujakhu, M. N., Ranjitkar, S., Jun He, J., Dietrich Schmidt-Vogt, D., Su, Y., Xu J. (2019). Assessing the Livelihood Vulnerability of Rural Indigenous Households to Climate Changes in Central Nepal, Himalaya. Yunnan University, 10.

Turina Isacco (2013). L'église catholique et la cause de l'environnement. Terrain, 60 : 20-35.

TV5 Monde (2013). Centrafrique : vers un conflit religieux ? Publié le 11 déc. 2013 à 00h00 (TU) sur information.tv5monde.com et mis à jour le 15 déc. 2013 à 17h50 (TU) par Léa Baron.

UNHCR (2023). Changement climatique et déplacements : les mythes et les faits publié le 4 décembre 2023 sur www.unhcr.org.

United Nations, Department of Economic and Social Affairs, Population Division. (2019). World population prospects 2019: Highlights (ST/ESA/SER.A/423). United Nations. https://population.un.org/wpp/Publications/Files/WPP2019_Highlights.pdf.

Urruty, N., Tailliez-Lefebre, D., Huyghe, C. (2016). Stability, robustness, vulnerability and resilience of agricultural systems. Agronomic Sustainable Development 36 (1): 1-15.

Zhang, Z., Wan, X., Sheng, K., Sun, H., Jia, L., Peng, J. (2023). Impact of carbon sequestration by terrestrial vegetation on economic growth: Evidence from Chinese County satellite data. Sustainability, 15(4), 1369. https://doi.org/10.3390/su15021369.

Annexes

Annexe 1 : Questionnaire de l'enquête

Ce questionnaire est conçu dans le cadre d'une étude sur le Nexus Climat-Sécurité-Environnement initiée avec le soutien de l'Organisation Internationale de la Francophonie (OIF) dans trois pays d'Afrique Centrale à savoir le Cameroun, le Tchad et la RCA. L'objectif est de recueillir des informations factuelles en ce qui concerne les effets du changement climatique sur la sécurité des populations.

A communiquer à l'entame de chaque interview :

Votre participation aujourd'hui est volontaire et confidentielle. Nous n'utiliserons votre nom dans aucune publication avec les informations que nous recueillons aujourd'hui. Nous espérons que vous vous sentirez libre d'exprimer pleinement vos opinions et de partager vos propres expériences avec les sujets que nous aborderons. Vous êtes bien entendu libre de ne pas répondre aux questions et de quitter la discussion à tout moment. Cependant, nous espérons vivement que vous resterez sur toute la discussion car vos points de vue et expériences sont très importants pour nous. Acceptez-vous de participer à cette enquête ? _____ (veuillez cocher quand le consentement éclairé est accordé). Y a-t-il des questions avant de commencer?

1. IDENTIFICATION & PROFIL

1.1. Sexe : M ☐ F ☐

1.2. Nationalité...

1.3. Age : 15-19 ☐ 20-24 ☐ 25-29 ☐ 30-34 ☐ 35-39 ☐ 40-44 ☐ 45-49 ☐

50-54 ☐ 55-59 ☐ 60-64 ☐ 65-69 ☐ 70-74 ☐ 75-80 ☐ 80-plus ☐

1.4. Statut matrimonial : Marié (e) ☐ Célibataire ☐ Concubins ☐ Autres ☐

1.5. Combien d'enfants avez-vous ?...

1.6. De quelle religion êtes-vous ? Chrétiens ☐ Musulman ☐ Autres ☐........................

1.7. **(a).** Etes-vous originaire de cette région/zone ? OUI ☐ NON ☐

(b). Si non, pourquoi avez-vous quitté votre région/zone d'origine ? ....

(c). Comptez-vous repartir un jour dans votre région/zone d'origine ? OUI ☐

NON ☐

    (d).   Pourquoi ?   ………………………

…………………………………………………………

…………………………………………………………

……………………………………………

2. PERCEPTION DU CHANGEMENT CLIMATIQUE

2.1. De quels types de ressources naturelles les (femmes / hommes) dans cette zone/région dépendent-ils?

………………………………………………………………

………………………………………………………………

………………………………………………………………

………………………………………

2.2. (a). La disponibilité de ces ressources a-t-elle changé depuis cinq ans (*Tout au long de la discussion, identifiez un événement important qui est survenu autour de 2005 et revenez-y afin de permettre aux participants de situer la période dans leurs esprits)*? OUI ☐   NON ☐

2.2. (b). Si oui, comment?   En augmentant ☐
En diminuant ☐

2.3. (a). La couverture de forêt/arbre/végétation dans cette région/zone a-t-elle changé depuis 5 ans ?

OUI ☐   NON ☐

    (b). Si oui, comment?   En augmentant ☐   En diminuant ☐

2.4. (a). Si des changements sont signalés: qu'est-ce qui a provoqué ces changements dans la couverture forestière, la composition et la disponibilité des produits forestiers et autres?

Irrégularités pluviométriques ☐ Augmentation de la temperature ☐ Vents violents ☐

Coupes excessives ☐   Feux de brousse ☐ Assèchement des plans d'eau ☐ Autre ☐

(b). Quels types d'impacts ces changements ont-ils eu sur les femmes et les hommes vivant dans la zone/région ?

Faible disponibilité des ressources naturelles ☐ Augmentation du temps consacré à la recherche et la collecte de la ressources ☐ Plus de concurrence ☐ Plus de conflits ☐ Autres ☐...

2.5. (a). La qualité des terres de votre zone/région a-t-elle changé depuis cinq ans?

OUI ☐   NON ☐

(b). Si oui, comment?

En s'améliorant ☐ En s'appauvrissant ☐

(c). Veuillez nommer les facteurs à l'origine de ce changement

Surexploitation des sols (absence de jachère) ☐
Compactage dû au passage des troupeaux ☐ Utilisation excessive d'engrais ☐ Feux de brousse ☐ Mauvaises pratiques agricoles ☐ Sécheresse ☐ Autres ☐.......................

2.6. (a). La qualité de l'air et la température ambiante de votre zone/région ont-elles changé depuis cinq ans? OUI ☐ NON ☐

(b). Si oui, comment? En se réchauffant ☐
En se rafraichissant ☐

(c). Selon vous quelles en sont les causes ?

Irrégularités pluviométriques ☐ Augmentation de la population ☐ Inondations ☐ Augmentation des espaces cultivables ☐ Coupes excessives de bois ☐ Feux de brousse ☐ Assèchement des plans d'eau ☐ Autres ☐.......................

2.7. (a). *Si les participants signalent un changement négatif:* Des mesures ont-elles été prises pour réduire cette baisse de qualité ou de disponibilité des ressources? OUI ☐ NON ☐

(b). Si oui, quelles mesures? (Veuillez nommer par ordre d'importance, en commençant par le plus significatif)...
....
....
....

....

(c). Par qui les mesures ont-elles été prises?

Chef de poste agricole/forestier ☐ Les autorités gouvernementales ☐ Les comités de développement local ☐ Les autorités villageoises ☐ Les associations d'agriculteurs ☐ Vous-même ☐ Autre ☐

....

....

2.8. (a). Avez-vous entendu parler du changement climatique ? OUI ☐ NON ☐

(b). Qui vous en parlé ?

Chef de poste agricole/forestier ☐ Les autorités gouvernementales ☐ Les comités de développement local ☐ Les autorités villageoises ☐ L'école ☐ Les medias ☐ Les campagnes de sensibilisation ☐ Les ONG ☐ Observations personnelles ☐ Autres ☐ ……..

3. CHANGEMENT CLIMATIQUE ET AGRICULTURE

3.1. (a). Pratiquez-vous de l'agriculture ? OUI ☐ NON ☐

(b). Si oui, est-ce votre activité principale ? OUI ☐ NON ☐

3.2. (a). Comment appréciez-vous les récoltes de ces cinq dernières années ?

Satisfait ☐ Très satisfait ☐ Pas satisfait ☐
Pas du tout satisfait ☐

(b). Si les récoltes ne répondent pas à vos espérances, quelles en sont les causes selon vous ?

☐ Mauvaise semence ☐ Rareté des pluies ☐ Inondations des champs ☐ Pestes et maladies agricoles ☐ Terres infertiles ☐ Manque de matériel de travail ☐ Dévastation des champs par les animaux ☐ Sècheresse ☐ Manque de main d'œuvre qualifiée ☐ Prévalence des conflits internes ☐ Système d'irrigation inapproprié ☐ Pénurie d'engrais ☐ Autre ☐ :............

3.3. A quelle fin pratiquez-vous l'agriculture ?

Commerciale ☐ Consommation familiale ☐ Commerciale et consommation ☐

3.4. (a). Espérez-vous des rendements agricoles meilleurs que dans les années à venir ?

OUI ☐ NON ☐

(b). Pourquoi ?

....
....
....

3.5. Selon vous existe-t-il dans la région des pratiques agricoles néfastes pour l'environnement ? OUI ☐ NON ☐

3.6. Quelles pratiques proposez-vous pour s'adapter aux changements climatiques ?

....
....
....
....

3.7. (a). Le gouvernement a-t-il entrepris des campagnes de sensibilisation sur les impacts des changements et de l'adaptation ? OUI ☐ NON ☐

(b). Si oui, quels sont les moyens utilisés pour la communication ?

Ateliers de formation ☐ Conférences ☐ La télévision ☐ La radio ☐ Agences de vulgarisation agricole ☐ Réseaux sociaux ☐ Autres ☐ ....

4. CHANGEMENT CLIMATIQUE ET ELEVAGE

4.1. (a). Pratiquez-vous de l'élevage ? OUI ☐ NON ☐

(b). Si oui, est-ce votre activité principale ? OUI ☐ NON ☐

4.2. (a). Quel type d'éleveur êtes-vous ? Transhumants ☐ Sédentaire ☐

(b). Comment jugez-vous la quantité des ressources disponibles pour vos animaux durant les cinq dernières années ?

Satisfait ☐ Très satisfait ☐ Pas satisfait ☐ Pas du tout satisfait ☐

(c). Pratiquez-vous la production fourragère ? OUI ☐ NON ☐

(d). Si vous pratiquez la production fougère, quelles espèces cultivez-vous ?

....
....
....
....

4.3. (a). Est-il facile pour vous de trouver des points d'eau pour l'abreuvage de vos animaux ?

OUI ☐ NON ☐

(b). Si oui, où en trouvez-vous ?..

(c). Si non, comment gérez-vous cette situation ?

....

4.4. Quelles sont les principales causes de mortalité de vos animaux ?

Maladies ☐ Manque de nourriture et d'eaux ☐ Attaques des agriculteurs ☐

Hautes températures ☐   Les animaux sauvages ☐
Inondations ☐

Manque   de   soins   vétérinaires   ☐
Autres☐...................

4.5. A quelle fin pratiquez-vous l'élevage ?

Commerciale ☐   Consommation familiale ☐
Commerciale et consommation ☐

5. CHANGEMENT CLIMATIQUE ET PECHE

5.1. (a). Pratiquez-vous de la pêche ? OUI ☐ NON
☐

(b). Si oui, est-ce votre activité principale ? OUI
☐ NON ☐

5.2. Comment évaluez-vous la quantité des eaux dans votre localité ces cinq dernières années ? Satisfait ☐
Très satisfait ☐ Pas satisfait ☐ Pas du tout satisfait ☐

5.3. (a). Les rendements de vos activités liées à la pêche sont-ils satisfaisants?

OUI ☐ NON ☐

(b). Si non, quelles en sont les causes ?

Raréfaction des eaux ☐ Mauvaise qualité des eaux ☐ Disparition des animaux aquatiques ☐ Absence du matériel adéquat ☐ Techniques de pêches inadaptées ☐ Autres ☐ ....

5.4. Que faites-vous des poissons/animaux pêchés ?

Destinés uniquement à la vente ☐ Destinés uniquement à la consommation familiale ☐ Commerciale et consommation ☐

5.5. Quelles sont les techniques de pêche que vous employez ?

Pêche à la senne ☐ Pêche à la nasse ☐ Pêche au filet maillant ☐ Pêche à la ligne artisanale ☐ Pêche à la lance ☐ Pêche à l'épervier ☐ Pêche à l'arc **Pêche à la pirogue** ☐ Pêche avec des pièges naturels ☐ Pêche avec des poisons végétaux ☐ Autres ☐……………………………

5.6. (a). Utilisez-vous des produits chimiques dans les eaux pour avoir plus de poissons ?

OUI ☐ NON ☐

(b). Si oui, à quelle fréquence ?

Souvent ☐ Tout le temps ☐ Rarement ☐

5.7. (a). Avez-vous déjà connu des inondations ? OUI ☐ NON ☐

(b). Si oui, est-ce là un phénomène récurrent ? OUI ☐ NON ☐

(c). Si oui, quels impacts ont ces inondations sur les rendements de la pêche ?

....

....

6- CHANGEMENT CLIMATIQUE, SECURITE & ENVIRONNEMENT

6.1. Etes- vous un résident autochtone (originaire) de la région/zone ?

OUI ☐ NON ☐

6.2. Comment cohabitez-vous avec vos hôtes ou étrangers (en fonction de la réponse à la question précédente) ?

Sous fond de tensions ☐ En symbiose ☐

6.3. En cas de tensions, quelles en sont les causes ?

....

....

....

....

....

6.4. De manière générale, quelles sont les principales causes de conflits dans votre localité ?

Raréfaction des eaux ☐ Baisse des rendements agricoles ☐ Partage de terres ☐ Assassinat des animaux par les cultivateurs ☐ Dévastation des champs par les troupeaux ☐ Autres ☐

....

....

6.5. Comment les tensions liées au partage des espaces et la collecte des ressources naturelles sont-ils réglés dans votre zone/région ?

Devant les autorités judiciaires/administratifs ☐ Devant les autorités traditionnelles/religieuses ☐ Devant les ONGs ☐ Par les affrontements physiques et les attaques ☐ Discussions entre protagonistes ☐ Autres ☐ …………………

6.6. (a). Les conflits entre agriculteurs et éleveurs dans votre région ont-ils été une raison de radicalisation des uns et des autres (création/adhésion à une milice, un mouvement rebelle, armés ou extrémistes) ?

OUI ☐ NON ☐

(b). Si oui, les mouvements radicalisés ont-ils affecté les activités agricoles ou pastorales, voire l'accès à la ressource forestière dans votre région ? Si oui, comment les ont-ils affectés ?

………………………………………………………………………

………………………………………………………………………

………………………………………………………………………

………………………………………………………

6.7. (a). L'accès à l'eau est-il source de conflit dans la région/zone ? OUI ☐ NON ☐

(b). Si oui, qui sont les protagonistes de ce conflit ?

....

....

....

6.8. Vous arrive-t-il de tomber malade en raison de la consommation des eaux locales ?

OUI ☐ NON ☐

6.9. (a). Qu'utilisez-vous pour la cuisson des aliments ?
Bois ☐ Charbon ☐ Bobonne de gaz ☐

(b). En cas d'utilisation de bois ou de charbon, quel type de foyer utilisez-vous ?

Trois pierres ☐   Foyer améliorés ☐
Autres ☐...........

(c). Pourquoi ?

....

....

6.10. (a). Avez-vous une proposition pour réduire la consommation en énergie domestique ?

OUI ☐ NON ☐

(b). si oui, en quoi consisterait-elle ?

....

....

Merci de nous avoir donné votre avis

Annexe 2 : Quelques images de la collecte des données sur le terrain

Séance de travail préparatoire avant la descente de terrain (Photo CEDPE)

Le Nexus Climat-Sécurité-Environnement en Afrique centrale : *Cas du Cameroun, de la République Centrafricaine et du Tchad – Etude financée par L'OIF, réalisée par le Consortium – CEDPE- 2025*

Quelques prises de vues de l'administration du questionnaire
Dans les deux sites (photos CEDPE)

Annexe 3

ACCORD DE COLLABORATION ENTRE DES STRUCURES D'ETUDES ET DE RECHERCHE POUR L'ACHEVEMENT DE LA PHASE2 DU PROJET D'ÉTUDE SUR LE NEXUS CLIMAT-SÉCURITÉ-ENVIRONNEMENT

- En prenant en compte que la première phase du projet Nexus climat-Environnement-sécurité, menée par le CEDPE et soutenue par l'OIF, a été un succès ;
- Vu la journée d'échange et de réflexion organisée, sous le patronage du Conseil Economique, Social, Culturel et Environnemental, le 16 novembre 2023 au Radisson Blu hôtel, à N'Djamena, en présence des experts de différentes structures d'étude et de recherche ;
- Dans le but de former un consortium, le CEDPE souhaite impliquer davantage de structures d'étude et de recherche afin d'apporter plus d'améliorations à la phase 2 du projet ;
- Les représentants de différentes structures et de recherches se sont réunis le vendredi 24 novembre 2023 au CEDPE, sous la direction du Dr. Ahmat Yacoub Dabio ;
- En se basant sur le procès-verbal de la réunion et la proposition des participants de signer un accord de consortium ;
- Considérant que le consortium est une plate-forme intellectuelle, à but non lucratif ;
- Placé sous le patronage du Conseil Economique, Social, Culturel et Environnemental, il a été décidé de former un consortium à travers l'accord ci-dessous.

NOUS SOUSSIGNÉES :

Le Centre d'Etudes pour le Développement et la Prévention de l'Extrémisme dont le siège social est situé à N'Djamena, représenté par Dr. AHMAT YACOUB DABIO, Président.
CI-DESSOUS DÉNOMMÉ:
« CEDPE »
ET
Le Conseil Economique, Social, Culturel et Environnemental du Tchad représenté par M. Abdelkerim Ahmadaye Bakhit président du Conseil Economique, Social, Culturel et Environnemental ;
CI-DESSOUS DÉNOMMÉ :
« CESCE »
ET
Le Bureau de Conseils, de Formations, de Recherches et d'Etudes dont le siège est à N'Djamena, représenté par NANDOUMABE Prisca, coordinatrice.
CI-DESSOUS DÉNOMMÉ :
« BUCOFORE »
ET
Le Centre AL-MOUNA, dont le siège est à N'Djamena, représenté par NADIA YEZBEK, Directrice ;
CI-DESSOUS DÉNOMMÉ :
« CAM » ;
ET
L'Observatoire du Foncier au Tchad dont le siège est à N'Djamena, représenté par
Pr BAOHOUTOU LAOHOTE
CI-DESSOUS DÉNOMMÉ :
« OFT » ;
ET
Le Centre Tchadien des Etudes Stratégiques et des Recherches prospectives dont le siège est à N'Djamena, représenté par Pr Zakaria Ousmane, Président ;
CI-DESSOUS DÉNOMMÉ :
« CTES » ;

ET

Le Centre d'Etudes pour la Formation et le Développement dont le siège est à N'Djamena, représenté par son Directeur général ;

CI-DESSOUS DÉNOMMÉ :

« CEFOD » ;

ET

Le Groupe de réflexion sur la Décentralisation au Tchad dont le siège est à N'Djamena, représenté par Idriss Hamatkréo, Coordinateur ;

CI-DESSOUS DÉNOMMÉ :

Collectivement « les Partenaires » et individuellement « le Partenaire » ;

ET

Le Centre Africain des Recherches et d'Études Stratégiques (ACRESS), représenté par Dr. Ghada Fouad ; Directrice ;

CI-DESSOUS DÉNOMMÉ :

ACRESS

PREAMBULE

Les Partenaires ont convenu de mettre en place un consortium afin d'exécuter ensemble la phase II du projet d'étude sur le nexus climat-sécurité-environnement dans les trois pays : le Tchad, le Cameroun et la RCA.

TITRE I : OBJET ET NATURE DU CONTRAT

Article 1 : Le Contrat a pour objet d'améliorer le rapport de la phase I, d'organiser les relations entre les Partenaires dans le cadre de l'exécution du Projet, et, notamment de :

- déterminer leurs droits et leurs obligations, relatifs à la réalisation de l'étude ;
- déterminer les règles de dévolution des droits de Propriété intellectuelle des Connaissances nouvelles et de leur exploitation ;
- organiser la gouvernance du Projet ;

TITRE II : DUREE DE L'ETUDE

Article 2 : Le Contrat est conclu pour une durée de dix (10) mois.

TITRE III : GOUVERNANCE DU CONSORTIUM

Article 3: Le Consortium est organisé autour :

- d'un Coordinateur,
- d'un chef de projet,
- d'un Comité de pilotage.

TITRE III : ENGAGEMENTS DES PARTENAIRES

Article 4 : Les Partenaires s'engagent à apporter dans le Projet leurs Contributions telles que fixées dans les Termes de références (TDR) ;

Article 5 : Chaque Partenaire s'engage à désigner un(e) expert(e) dont le profil correspond à l'un des domaines sollicités :

- Environnementaliste
- Climatologue ;
- Juriste environnementaliste ;
- Expert en matière de paix et sécurité.

Article 6 : Les experts désignés s'engagent à faire leurs meilleurs efforts pour la réalisation de leurs Contributions dans les délais impartis.

TITRE IV : MODALITES FINANCIERES

Article 7 : Chaque expert désigné par sa structure et retenu, devra recevoir un traitement mensuel dont le montant sera fixé d'un commun accord entre le CEDPE et l'OIF.

Article 8 : Les charges financières du projet sont supportées par l'OIF.

TITRE V : RETRAIT ET EXCLUSION D'UN PARTENAIRE

Article 9 : Tout membre du consortium peut se retirer à tout moment sous réserve d'en aviser le coordinateur par écrit et de respecter un délai de préavis de dix (10) jours à compter de la date de notification de son retrait.

Article 10 : En cas de défaillance de l'un des Partenaires dans l'exécution de ses obligations contractuelles, et notamment dans la réalisation de ses Contributions, le Coordinateur, lui adressera, par courrier électronique, une mise en demeure lui rappelant ses obligations. Faute pour le Partenaire concerné de remédier à la défaillance ou de justifier d'un événement constitutif de force majeure dans un délai de dix (10) jours à compter de la date de l'envoi de la mise en demeure, le Partenaire sera considéré comme défaillant, et par conséquent, il sera suspendu du comité du pilotage.

À compter de cette date, ses droits seront suspendus et plus aucune Information confidentielle ne lui sera communiquée.

Réunies vendredi le 8 décembre 2023, les structures suivantes ont approuvé et signé cet accord de collaboration. Chaque structure s'engage à désigner un expert pour faire partie du comité de pilotage du projet.

301

Signatures :

Réunies vendredi le 8 décembre 2023, les structures suivantes ont approuvé et signé cet accord de collaboration. Chaque structure s'engage à désigner un expert pour faire partie du comité de pilotage du projet.

Signatures :

1. Le Conseil Economique, Social, Culturel et Environnemental (CESCE)

Nom, prénom et signature : P.O ADOGRE PATHE ALVA

2. Le Centre d'études pour le développement et la prévention de l'extrémisme (CEDPE)

Nom, prénom et signature : Achta Mahamat Hassan P.O

3. Le Groupe de réflexion sur la Décentralisation au Tchad (GRDT)

Nom, prénom et signature : P.O. le Trésorier Général MAHAMAT AHMAT NAHAMAT

4. Le Centre Africain des Recherches et d'Études Stratégiques (ACRESS)

Nom, prénom et signature : Ghada Fouad

5. Le Centre AL-MOUNA (CAM)

Nom, prénom et signature : ALAIN DJIMASSAL

6. Le Centre Tchadien des Etudes Stratégiques et des Recherches prospectives (CTES)

Nom, prénom et signature : P.O Fortio Remy (Accord du Dr. Zakaria obtenu par téléphone

7. L'Observatoire du Foncier au Tchad (OFT)

Nom, prénom et signature : Pr BAOHOUTOU LAOUBIC

8. Bureau de conseil, de formation, de Recherche et d'Etude (BUCOFORE) représentée par sa coordinatrice NANDOUTIABE Prisca

Annexe 4

<u>Compte rendu</u>

**Réunion entre l'attaché du Programme de l'OIF et les membres du Consortium
N'Djamena, le 13 novembre 2024**

Tenue au siège du CEDPE, cette réunion avait pour but de faire le bilan de la journée de restitution du rapport d'étude sur le nexus climat-sécurité-environnement, mais aussi de définir les possibilités d'une éventuelle reconduction de la collaboration entre l'OIF et le Consortium chapeauté par le CEDPE.

Animée par le Président du CEDPE, le Dr Ahmat Yacoub Dabio, celui-ci à l'entame de son propos, a tenu à remercier l'OIF pour son accompagnement tant intellectuel que financier pour la réalisation de cette étude. Il a ensuite réitéré son souhait de continuer ce partenariat avec l'OIF sur des projets encore plus importants dans l'intérêt des Etats africains et au-delà.

Au nombre des difficultés rencontrées lors de la journée de restitution du 12 novembre, figure la mauvaise prestation de l'Hôtel quant à la connexion internet qui n'a pas permis aux participants de l'extérieur de suivre convenablement par vidéoconférence les travaux de la journée. A cet effet, le Dr Ahmat Yacoub Dabio a promis d'adresser une lettre de protestation à la Direction de l'Hôtel pour un remboursement total ou partiel de la somme dédiée à la vidéoconférence qui s'élève à 500 000 de nos francs.

La deuxième question qui a occupé les esprits est celle de savoir comment dispatcher le rapport issu de la phase 2 de l'étude, en vue de le vulgariser auprès des autorités et institutions étatiques et sous régionales œuvrant dans le domaine traité par l'étude. Ceci permettra au rapport de « vivre » et aux recommandations d'être prises en compte par les décideurs politiques.

Le Dr Ahmat Yacoub Dabio propose l'édition du rapport en 8 exemplaires avec les moyens du CEDPE et a suggéré de les distribuer comme suit : Présidence de la République (01), Primature (01), ministère de l'Environnement (1), CESCE (01), OIF (02), Bibliothèque du CEDPE (2).

Prenant la parole, M. Axel OMGBA de l'OIF a remercié les experts pour la qualité du travail accompli dans des délais contraints. Il a indiqué que (…) le rapport pourrait être transmis aux autorités de trois pays couverts par l'étude suivant les modalités ci-après :

- Ambassadeurs accrédités au Tchad (Cameroun, RCA) ;
- Ministères en charge de l'environnement ;
- Ministères en charge de l'administration territoriale (Direction de la protection civile) ;
- Autres institutions nationales spécialisées en charge de l'environnement ou de la sécurité.

Pour chaque destinataire, le rapport devrait être accompagnée d'une lettre de transmission expliquant la démarche, avec en annexe la lettre initialement transmises aux autorités des pays concernés détaillant l'approche de l'étude.

Le deuxième volet de la réunion se rapporte à l'avenir de la coopération entre l'OIF et le Consortium. Au cours des échanges, M. Omgba a souligné la nécessité d'ancrer le projet dans les différents pays. Il a alors émis l'idée d'organiser un séminaire sous - régional pour présenter les résultats du rapport, en vue de faciliter l'appropriation des recommandations par les parties prenantes.

Cette suggestion a été bien accueillie par les participants, notamment le Dr Hermann Taedoumg qui est intervenu pour l'appuyer, en se fondant sur la nécessité de faire large diffusion de ce rapport auprès des autorités et des institutions publiques et privées. Dr. Ahmat Yacoub a proposé ce séminaire sous régional se tienne au Cameroun.

Ainsi trois propositions de Projet ont été retenues par les participants :

1- Atelier sous régional de présentation du Rapport d'étude sur le nexus climat-sécurité environnement en Afrique centrale ;

2- Formation des femmes et des jeunes sur l'impact du changement climatique sur la sécurité ;

3- Formation des leaders religieux et traditionnels sur le changement climatique et ses conséquences sur la sécurité ;

La réunion a commencé à 16h 30 et a pris fin à 18h 15.
Etaient présents à la réunion :
- Dr Ahmat Yacoub Dabio, Président du CEDPE (en ligne) ;
- Dr Hermann Taedoumg (en ligne) ;
- Dr Ghada Fouad (en ligne) ;
- Dr Mahamat Oumar (en présentiel) ;
- M. Axel Omgba (en présentiel) ;
- M. Bah Karyom (en présentiel) ;
- M. Mahamat Ali Mahamat (en présentiel)

N'Djamena le 15 novembre 2024
MAHAMAT ALI MAHAMAT
Le Coordonnateur du Projet.

Annexe 5

Quelques images en rapport avec l'enquête

L'équipe d'enquête en RCA

L'équipe d'enquête au Cameroun

Le Nexus Climat-Sécurité-Environnement en Afrique centrale : *Cas du Cameroun, de la République Centrafricaine et du Tchad – Etude financée par L'OIF, réalisée par le Consortium – CEDPE- 2025*

L'équipe d'enquête au Tchad

African center for research and strategic studies (ACRESS) de Dr. Ghada Fouad a joué un rôle important dans cette étude (Egypte)

310

311

@Publication janvier 2025

312

313

Document édité par le
Centre d'études pour le développement et la prévention de
l'extrémisme – CEDPE – N'Djamena, Tchad